本书系 2022 年度黑龙江省省属本科高校基本科研业务费科研项目"高校智慧图书馆助力乡村文化振兴的策略及路径研究"（项目编号 2022-KYYWF-E013）的研究成果。

高校智慧图书馆
助力乡村文化振兴的策略和路径研究

靳辉 著

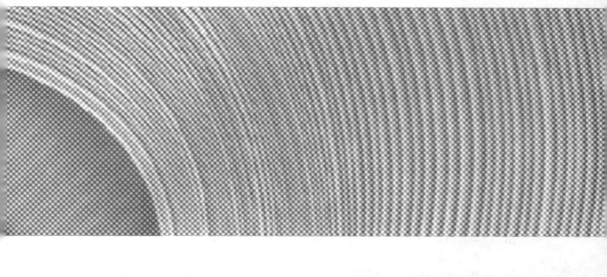

黑龙江大学出版社
HEILONGJIANG UNIVERSITY PRESS
哈尔滨

图书在版编目（CIP）数据

高校智慧图书馆助力乡村文化振兴的策略和路径研究 /
靳辉著 . -- 哈尔滨 ： 黑龙江大学出版社，2023.12（2025.4 重印）
ISBN 978-7-5686-1056-8

Ⅰ . ①高… Ⅱ . ①靳… Ⅲ . ①院校图书馆—图书馆服
务—作用—农村文化—文化事业—建设—研究—中国
Ⅳ . ① G258.6 ② G127

中国国家版本馆 CIP 数据核字（2023）第 233614 号

高校智慧图书馆助力乡村文化振兴的策略和路径研究
GAOXIAO ZHIHUI TUSHUGUAN ZHULI XIANGCUN WENHUA ZHENXING DE CELUE HE LUJING YANJIU

靳　辉　著

责任编辑　于　丹　戴谨宇
出版发行　黑龙江大学出版社
地　　址　哈尔滨市南岗区学府三道街 36 号
印　　刷　三河市金兆印刷装订有限公司
开　　本　720 毫米 ×1000 毫米　1/16
印　　张　14
字　　数　233 千
版　　次　2023 年 12 月第 1 版
印　　次　2025 年 4 月第 2 次印刷
书　　号　ISBN 978-7-5686-1056-8
定　　价　64.80 元

本书如有印装错误请与本社联系更换，联系电话：0451-86608666。

前　　言

随着人工智能和大数据等技术的飞速发展,智慧图书馆应运而生。在乡村振兴的时代背景下,高校图书馆作为国家公共文化服务体系中的重要一环,应被积极引入乡村地区,以提升乡村文化振兴水平。高校智慧图书馆作为知识信息的重要储存和服务平台,拥有巨大的技术、资源和人才优势,秉持开放办馆理念,充分借鉴社会各界智慧服务的经验,通过建设智慧图书馆,全面推动面向乡村的智慧服务。高校图书馆积极发挥智慧技术优势,为乡村文化振兴提供有力的支持,建设面向广大乡村的智慧服务平台,逐步构建面向乡村的覆盖全周期、全环节的智慧服务框架。

根据黑龙江省委组织部印发的《开展"助力乡村振兴千人行动"选派省市直单位优秀干部到乡镇挂职实施方案》的文件精神,哈尔滨金融学院组织了部分优秀教师到乡镇挂职工作,笔者有幸成为其中的一员,参与助力乡村振兴的实践。

本书以哈尔滨金融学院图书馆助力兰西县北安乡文化振兴的探索为研究对象,围绕哈尔滨金融学院的学科特色和兰西县的区域特色开展应用基础研究,旨在促进学科和地区经济社会发展。建立数字化流动分图书馆、提供智能化服务、加强人才培训、推动乡村阅读推广以及加强产学研合作等多种策略和途径,旨在有效促进高校智慧图书馆与乡村地区的合作,实现资源共享、互利共赢,为乡村文化振兴贡献力量。通过为乡村用户创造多元业态和立体化的服务项目,全面满足乡村用户的多样需求,优化高校图书馆的服务模式,推动高校图书馆服务机制从传统的图书信息供给向智慧服务转型,为推进乡村文化振兴提供完善的知识信息和多元智慧文化服务。

本书在撰写过程中虽然查阅了大量文献资料,但由于笔者水平有限,难免会有不足之处,敬请读者批评指正,同时对本书中所引用参考文献的作者表示感谢。

2023 年 12 月

目　　录

第1章 绪论

1.1 研究背景和意义

1.1.1 研究背景

乡村文化是国家软实力的体现,也是中国传统文化的重要组成部分,随着国家乡村振兴战略的实施,乡村文化建设更加受到关注。乡村文化振兴不仅是实现乡村振兴战略的重要组成部分,也是构建美丽乡村、提高乡村居民素质和促进农村经济发展的关键因素。在当前经济社会的发展背景下,乡村居民对于文化的需求日益多样化和个性化。一方面,乡村居民对于基本的文化需求变得愈发迫切,如获取知识、参加文艺活动、观看传统戏曲等;另一方面,他们对于高品质、有特色的文化产品和服务的需求也在不断增长,如追求精神文明、参与社会治理、弘扬民族精神等。然而,当前乡村文化资源相对匮乏,乡村居民对于文化需求日益增长,乡村文化建设和传承面临各种困境和挑战。这些现象都使人们意识到乡村文化振兴的重要性。乡村文化振兴可以挖掘和保护乡村的优秀传统和文化遗产,并促进其传承和发展。同时,增强乡村居民对自身文化的认同感,提高他们的文化自信。依托乡村文化的独特魅力,加强乡村旅游资源的开发,既能推动乡村文化产业的发展,也能带动当地经济的繁荣。

乡村文化资源是乡村振兴的基础条件,主要包括物质文化遗产、非物质文化遗产、文化设施等方面。当前国家在乡村文化资源建设上取得了一定的成果,但还存在一些不足之处,一是乡村非物质文化遗产保护有待加强,许多农业遗迹、民族村寨、传统建筑、灌溉工程遗产以及自然风光等需得到有效的保护和

1

传承;二是非物质文化遗产,如许多民间艺术、乡土知识等在现代化进程中逐渐丧失;三是乡村文化设施有待丰富。在乡村振兴的实践中要充分认识乡村文化资源的内涵和价值,着力加强乡村文化特色资源的充实,不断系统梳理分析乡村文化振兴经验,总结出适用于不同地区的乡村文化振兴策略,对乡村文化资源利用效果的监测与评估形成科学评价体系,将现代科技与乡村文化相结合,创新乡村文化传承和发展的途径和方法。拓展国际合作与交流的渠道,推动乡村文化振兴事业发展。

高校拥有文化资源优势,可助力乡村文化振兴的资源供给、应用服务、需求研发、人才培养等。高校智慧图书馆是高校文化资源的主要阵地,是一个基于现代信息技术的综合性知识服务平台。它通过整合高校内外的资源,提供个性化、智能化的信息服务,实现高效便捷的知识共享和传播。高校智慧图书馆拥有图书、期刊、报纸、数据库等各类资源,涵盖了人文科学、社会科学、自然科学等多个领域,可为乡村文化建设提供丰富的知识内容。高校智慧图书馆采用了现代信息技术,实现了资源的数字化、网络化、智能化,方便用户随时随地获取和使用图书馆资源。高校智慧图书馆注重用户需求,积极开展个性化、精准化的文化服务,提高用户满意度和图书馆服务效能。

高校智慧图书馆具备为乡村提供丰富文化资源的能力,满足乡村居民基本的文化需求,丰富乡村文化生活。高校智慧图书馆采用数字化技术,可以对乡村的物质文化遗产和非物质文化遗产进行挖掘、保护、传承与传播,同时推动乡村文化创新,形成乡村特色文化。高校智慧图书馆通过提供知识服务、组织文化活动和开展培训课程等方式,帮助乡村居民提高文化素质,培养新时代乡村居民的综合能力。通过提供文化资源和服务,高校智慧图书馆还可以提高乡村居民的科技知识水平,引导他们转变生产经营观念,推动农业产业升级。此外,丰富的乡村文化生活也有助于吸引外来人才和投资,促进乡村旅游等产业的发展,从而推动乡村经济社会的全面发展。

在乡村文化振兴的背景下,高校智慧图书馆作为现代高校教育的重要支柱之一,拥有丰富的资源、先进的技术和服务理念,具有广泛的应用价值,有望在提高乡村居民的文化素质和推动乡村文化振兴的过程中发挥重要作用。

1.1.2 本书意义

本书旨在从高校智慧图书馆的角度出发,探讨其在乡村文化振兴过程中可能发挥的作用,并提出相应的策略和路径。本书的意义主要体现在以下几个方面:

(1)理论意义

本书通过对高校智慧图书馆在乡村文化振兴中的作用机制和策略、路径进行研究,丰富和拓展了乡村文化振兴和智慧图书馆研究领域的相关理论,为相关领域的学术研究提供理论支持和参考。

(2)政策建议

本书旨在为各级政府和高校提供关于如何利用高校智慧图书馆资源推动乡村文化振兴的政策建议。这有助于各级政府部门在制定乡村文化振兴战略时,更好地发挥高校智慧图书馆的优势,提高农村居民的文化素质,促进乡村经济和社会的可持续发展。

(3)实践应用

本书为高校智慧图书馆提供了具体的参考案例和实践路径,使之能更好地发挥在乡村文化振兴中的积极作用。同时,本书还为乡村文化建设者提供了创新性的文化服务手段和资源获取途径,有助于提升乡村文化建设的实效性。

(4)跨界融合

本书涉及高校智慧图书馆、乡村文化振兴、信息技术等多个领域,具有较强的跨界性。通过对这些领域的综合研究,本书有望促进不同领域之间的交流与合作,为乡村文化振兴战略的实施提供更多的可能性和创新点。

通过将乡村文化帮扶范围从单一乡镇扩展至县域内的多个乡镇、村、屯,为乡村振兴注入新的动力和内涵。一方面,作为文化振兴的基地,乡村可以成为传递乡土气息、体现乡村特色和培育乡村居民心灵的重要媒介。通过多种方式挖掘乡村文化的价值,促进文化创新和创造,可对乡村文化产生深远影响并发挥塑造作用,从而推动乡村振兴和文化振兴的双重发展。另一方面,高校智慧图书馆为乡村提供优质阅读内容,并完善阅读服务体系,持续增强乡村读者的阅读兴趣及积极性,使更多人学会读书、热爱读书,并享受其中的乐趣。倡导积极开展阅读推广、文化讲座等活动,发挥示范引领作用,推动乡镇书香乡村创建工作,为乡村的文化普惠做出更多贡献。

总之,本书的目的是探讨高校智慧图书馆在助力乡村文化振兴中的策略和路径,以便为乡村文化振兴提供有益的参考和实践经验,通过深入研究和实践探索,有望为乡村文化振兴战略的实施注入新的动力,进一步推动乡村经济社会的全面发展。

1.2 研究现状与问题

1.2.1 研究现状

近年来,乡村文化振兴战略备受国家和社会的广泛关注,各类研究成果不断涌现。其中,高校智慧图书馆在乡村文化振兴中的作用和策略研究逐渐成为学术界的新热点。研究者们从不同角度探讨了高校智慧图书馆对乡村文化振兴的贡献,包括资源共享、技术创新、个性化服务、跨界融合等方面。然而,目前的研究成果还存在一定的局限性,尚未形成完整的理论体系和实践经验。

(1)资源共享研究

在乡村文化振兴的背景下,高校智慧图书馆如何通过资源共享为乡村提供丰富的文化资源,成为研究者关注的焦点。相关研究主要涉及高校智慧图书馆与乡村文化设施的合作关系、共享平台的构建、馆际互借等方面。然而,现有研究大多停留在资源共享的理念探讨,具体的实施方案和案例分析较少。

(2)技术创新研究

技术创新是高校智慧图书馆发挥作用的关键。研究者们从数字化技术、移动图书馆、智能化服务等方面探讨了高校智慧图书馆在乡村文化振兴中的技术创新策略。然而,这些研究多集中在技术层面的讨论,对如何与乡村文化需求相结合以及如何推动乡村文化建设的技术创新关注度低。

（3）个性化服务研究

高校智慧图书馆如何根据乡村居民的文化需求提供个性化服务,是乡村文化振兴研究的重要内容。相关研究主要聚焦于需求调查、服务项目设计、活动组织等方面。尽管这些研究为高校智慧图书馆提供了一定的理论指导,但在实际应用中仍存在较大的局限性,如缺乏针对不同乡村居民群体的细分服务方案,以及个性化服务与乡村文化振兴战略的整合问题。

（4）跨界融合研究

跨界融合是高校智慧图书馆在乡村文化振兴中的一种有效策略。研究者们从政策、制度、平台等层面,探讨了高校智慧图书馆与乡村文化、教育、科技等领域的跨界融合机制。然而,现有研究多集中在理论分析和框架设计,缺乏实际操作的具体指导,也未能形成具有广泛适用性的跨界融合模式。

1.2.2　存在的问题

高校智慧图书馆在乡村文化建设中具有重要的作用和意义。通过其丰富的资源、专业和技术优势,高校智慧图书馆可以为乡村文化建设提供有力的支持,提供专业的指导和帮助。同时,它还可以为乡村地区提供远程教育、培训和咨询服务,弥补人才短缺的问题。然而,高校智慧图书馆在乡村文化建设中也面临着一些问题和挑战。

（1）研究视角较为局限

现有研究多集中在单一的视角和领域,较少涉及高校智慧图书馆与乡村文化振兴的整体战略和多元化合作。这导致研究成果在解决乡村文化振兴的实际问题时,往往存在较大的局限性。

（2）实证研究不足

目前,关于高校智慧图书馆在乡村文化振兴中的实证研究较为匮乏。大部分研究仅停留在理论探讨阶段,缺乏对具体实践和案例的深入分析。这使得研究成果在实践指导和政策制定方面的价值有所降低。

（3）创新策略和路径探讨不足

尽管现有研究已经关注了高校智慧图书馆在乡村文化振兴中的作用和策略，但对于具体创新策略和路径的探讨仍然不够深入。导致这一问题的原因可能是研究者们过于关注现有技术和资源的应用，而忽视了高校智慧图书馆在乡村文化振兴中的创新潜力。

（4）实践与政策支持不足

目前，高校智慧图书馆在乡村文化振兴中的作用和策略研究尚未得到广泛的实践验证和政策支持。在实际操作中，高校智慧图书馆与乡村之间的合作和资源共享仍面临着诸多困难和挑战，如资金投入、政策支持、人才培养、技术升级等方面的问题。这些问题制约了高校智慧图书馆在乡村文化振兴中发挥作用，也限制了研究成果的实际应用。

综上所述，关于"高校智慧图书馆助力乡村文化振兴的策略和路径研究"，存在以下问题：研究视角有限，实证研究不充分，创新策略和路径探讨不足，以及实践与政策支持不足等。为解决这些问题，本书旨在从多维度、多层次的角度出发，深入分析高校智慧图书馆在乡村文化振兴中的作用和策略。通过实证研究和案例分析，探讨具有创新性和实践价值的策略和路径，为高校智慧图书馆在乡村文化振兴中的实际应用提供理论支持和政策建议。在研究过程中，我们将关注以下几个方面：

第一，拓宽研究视角，全面梳理高校智慧图书馆在乡村文化振兴中的作用和策略。通过对比分析不同类型高校智慧图书馆的优势和特点，探讨多元化合作和跨界融合的新途径，进一步了解高校智慧图书馆在乡村文化振兴中的具体贡献以及可行的发展策略。

第二，加强实证研究，系统评估高校智慧图书馆在乡村文化振兴中的实际效果。利用定性和定量方法，对具体案例进行深入剖析，总结经验教训，为政策制定提供科学依据。通过实证研究，可以更加客观地评估高校智慧图书馆在乡村文化振兴方面的成效，并为相关决策提供准确的数据支持。

第三，挖掘创新策略和路径，为高校智慧图书馆在乡村文化振兴中的发展提供指导。在分析现有技术和资源的基础上，关注高校智慧图书馆在乡村文化振兴中的创新潜力,提出具有实践价值的策略和路径。通过挖掘创新策略和路径,为高校智慧图书馆的发展提供指导,促进其在乡村文化振兴中发挥更大的作用。

第四,推动实践与政策支持,促进高校智慧图书馆与乡村文化振兴的深度融合。分析现有政策和实践中存在的问题,提出改进措施和建议,为推动高校智慧图书馆在乡村文化振兴中的实际应用创造有利条件。

通过以上研究,我们将为高校智慧图书馆在乡村文化振兴战略中的作用和策略提供全面、深入的分析和探讨。我们希望通过对现有研究现状和问题进行总结,为后续的研究提供理论参考和研究思路,促进高校智慧图书馆在乡村文化振兴中的发展和应用。同时,本书的成果也可以为政策制定者和实践者提供指导意见,有助于乡村文化振兴战略的实施和推进。

1.3 研究方法与内容

1.3.1 研究方法

本书采用系统科学研究法、文献信息研究法、案例分析法和大数据分析法等多种研究方法,旨在系统地分析和探讨高校智慧图书馆在乡村文化振兴中的作用、策略和路径。具体研究内容包括以下几个方面:

(1)系统科学研究法

使用归纳演绎、类比推理、抽象概括、思辨想象、分析综合等方法进行感性材料分析上升到理性认识的方法。通过了解乡村文化现状及发展情况,可以为研究方案的实施提供依据,并进行动态调整。同时,需要详尽探知高校智慧图书馆服务在乡村文化振兴中的作用和发展方向,分析国内高校智慧图书馆的服务模式在乡村全面振兴的路径,以期为高校图书馆的智慧化服务策略提供引导作用,从而为乡村文化振兴实践提供决策依据。

(2)文献信息研究法

采用文献信息研究法,对国内外关于高校智慧图书馆及其在乡村文化振兴中的相关研究进行了全面梳理和分析。通过对比分析不同研究者的观点和成果,总结现有研究的主要发展趋势、特点和不足之处,为后续研究提供理论基础和研究思路。同时,通过收集、加工和整理有关智慧图书馆建设和乡村文化振兴的文献研究和实践经验,分析国内外智慧图书馆的服务模式和路径,并进一步注意文献资料的积累和总结。在实践中坚持以先进的理念为指导,以创造性的实践丰富理论的内涵,形成科学认识高校智慧图书馆助力乡村文化振兴的方法。

（3）案例分析法

采用案例分析法,本书选取了国内多所高校智慧图书馆助力乡村文化振兴的典型案例,对其实施过程、策略选择、成效评估等进行了深入剖析。通过对比分析不同类型高校智慧图书馆在乡村文化振兴中的作用和策略,探讨多元化合作和跨界融合的新途径,为后续研究提供实践参考。

（4）大数据分析法

融合高校智慧图书馆与乡村文化振兴实践于一体,通过智慧平台对乡村数据的大数据分析,再通过志愿活动与村民互动宣传,体现出循环往复、螺旋上升的研究过程。在这个往复实践中,研究高校图书馆智慧化服务在乡村文化振兴中的新模式和新路径。

1.3.2　研究内容

根据以上研究方法,本书的主要章节安排如下。

第1章,绪论。本章主要介绍研究背景、研究现状、存在的问题、研究方法与内容等,为后续研究提供基本框架。

第2章,乡村文化振兴的现状与需求。该章从多个角度分析乡村文化振兴的背景与意义、乡村文化振兴的现状与问题,以及乡村文化振兴的需求与期望。

第3章,高校智慧图书馆建设基础与设计。该章总结了高校智慧图书馆建设的概念和特点,并分析了国内外高校智慧图书馆建设实践中存在的问题与发展趋势,提出高校智慧图书馆建设的功能策略、技术手段、管理与运维、人才培养等方面的要点。

第 4 章,高校智慧图书馆建设策略与路径探索。该章总结了高校数字图书馆特点及建设方式,对高校数字图书馆智慧化建设可行性、技术应用以及典型案例等方面进行分析。同时,提出了高校智慧图书馆建设的策略与路径,阐述了在互联网+和大数据时代下高校智慧图书馆智慧化服务的发展趋势。

第 5 章,智慧图书馆数据资源库建设与数字化阅读平台运营。该章介绍了数据资源库和数字化阅读平台的概念、特点以及其在图书馆中的作用价值、管理与服务等方面。同时,详细阐述了数据资源库的建设和数字化阅读平台建设所需的技术支持,并探讨了数字化阅读平台的运营与推广策略。

第 6 章,高校智慧图书馆助力乡村文化振兴的策略和途径。该章从政策支持、资金投入、技术升级等多个方面对高校助力乡村文化振兴的意义做了系统的剖析,并探讨了高校智慧图书馆在乡村文化振兴中可持续发展的策略和具体路径。

第 7 章,高校智慧图书馆助力乡村文化振兴的案例分析与趋势展望。该章选取了国内高校智慧图书馆在乡村文化振兴中的典型案例,通过深入剖析这些案例的实施过程、策略选择和成效评估,为后续研究提供实践参考。同时,该章对前述研究进行总结,梳理高校智慧图书馆在乡村文化振兴中的作用、策略和路径的研究成果,并对未来研究方向和实践应用进行展望。

本书是黑龙江省省属本科高校基本科研业务费科研项目“高校智慧图书馆助力乡村文化振兴的策略及路径研究”的研究成果。书后附有课题论证内容——《智慧图书馆建设的模式与路径研究》,以及笔者在绥化市兰西县北安乡挂职期间的实地纪实资料,其中具体包括关于助力乡村文化和产业振兴的调研报告、对乡村生活的感受,还有笔者对高校毕业生选择助力乡村文化振兴事业的倡议。

随着乡村振兴战略的深入实施,高校智慧图书馆在乡村文化振兴过程中的作用将愈发显著。因此,有必要继续加强相关领域的研究,不断完善和丰富高校智慧图书馆助力乡村文化振兴的理论体系和实践经验。我们期待在构建东北地区文化扶贫投入决策与扶贫责任体系、文化扶贫内容与跨界融合支撑体系、文化扶贫政策和评价方面做出理论贡献,并为推动东北地区文化扶贫工作提供有价值的理论支持和指导。本书仅是对高校智慧图书馆在乡村文化振兴中的策略和路径的初步探讨,仍存在一定的局限性,如以下几个方面。

一是本书对高校智慧图书馆在乡村文化振兴过程中的策略和路径进行了系统分析，但在实际操作中，各地区的具体情况可能存在差异。因此，未来的研究需要结合地区特点，对策略和路径进行进一步细化和优化。

二是本书主要侧重于高校智慧图书馆在乡村文化振兴中的策略和路径，尚未涉及智慧图书馆在其他领域的应用，如农业科技、生态环境等。未来研究可拓展至其他领域，以全面展现高校智慧图书馆的应用价值。

三是在案例分析和实证研究过程中，本书对部分数据和信息的获取受到了一定限制，可能导致对部分案例的分析存在一定的偏差。未来的研究需要加强数据收集和信息整合的工作，以提高研究的准确性和可靠性。

总之，本书以"高校智慧图书馆助力乡村文化振兴的策略和路径研究"为题，采用多种研究方法，对高校智慧图书馆在乡村文化振兴中的作用、策略和路径进行了系统分析和探讨。我们希望本书能为相关领域的研究者、政策制定者和实践者提供有益的理论参考和实践指导，从而为高校智慧图书馆在乡村文化振兴中的应用和发展提供有力支持。为了进一步推动高校智慧图书馆在乡村文化振兴中的应用，未来的研究可以从以下几个方面展开。

（1）关注高校智慧图书馆在乡村文化振兴中的实践创新。未来的研究可以重点关注智慧图书馆在乡村文化振兴过程中的创新实践，总结经验并推广应用。

（2）深化高校智慧图书馆与乡村文化振兴之间的跨界融合。未来的研究可以探讨如何进一步打破高校智慧图书馆与乡村文化振兴之间的界限，实现多领域、多层次的跨界融合，以更好地发挥高校智慧图书馆的资源优势和技术优势。

（3）加强高校智慧图书馆在乡村文化振兴中的政策研究。未来的研究可以关注国家和地方政策对高校智慧图书馆在乡村文化振兴中的支持和引导作用，分析政策效果，并为政策制定提供参考。

（4）探讨高校智慧图书馆在乡村文化振兴中的评价体系。未来的研究可以建立完善的高校智慧图书馆在乡村文化振兴中的评价体系，对其在乡村文化振兴过程中的作用和效果进行全面、科学的评价。

（5）关注高校智慧图书馆与乡村文化振兴的国际合作。随着全球化的深入发展，高校智慧图书馆在乡村文化振兴中的国际合作日益重要。未来的研究可关注国际的成功经验和合作模式，为我国高校智慧图书馆在乡村文化振兴中的发展提供参考。

　　通过以上展望,我们期望本书能够进一步推动高校智慧图书馆在乡村文化振兴中的应用和发展,为乡村振兴战略的实施提供有力支持。同时,我们也期待更多的研究者和实践者加入高校智慧图书馆与乡村文化振兴相关领域的研究与探讨中,共同推动乡村文化的繁荣与发展。

第2章　乡村文化振兴的现状与需求

2.1　乡村文化振兴的背景与意义

2.1.1　乡村文化振兴的背景

党的十九大报告（2017年10月18日）①指出,农业农村农民问题是关系国计民生的根本性问题,必须始终把解决好"三农"问题作为全党工作重中之重。2018年3月5日,第十三届全国人民代表大会第一次会议在北京人民大会堂开幕,国务院总理李克强在政府工作报告中提出大力实施乡村振兴战略,科学制定规划,健全城乡融合发展体制机制,依靠改革创新壮大乡村发展新动能。②2018年5月31日,中共中央政治局召开会议,审议《乡村振兴战略规划（2018—2022年）》和《关于打赢脱贫攻坚战三年行动的指导意见》。③ 2018年9月,中

---

① 共产党员网:《党的十九大报告（2017年10月18日）》, https://news. 12371. cn/2018/10/31/ARTI1540950310102294. shtml? eqid=9e930862000044d80000000264881f3b。

② 中华人民共和国中央人民政府:《政府工作报告——2018年3月5日在第十三届全国人民代表大会第一次会议上》, https://www. gov. cn/guowuyuan/2018－03－22/content_5276608. htm。

③ 中华人民共和国农业农村部:《中共中央政治局召开会议 审议〈乡村振兴战略规划（2018—2022年）〉和〈关于打赢脱贫攻坚战三年行动的指导意见〉》 中共中央总书记习近平主持会议, http://www. moa. gov. cn/ztzl/xczx/szyw/201811/t20181127_6163732. htm。

共中央、国务院印发了《乡村振兴战略规划（2018—2022 年）》[①]，并发出通知，要求各地区各部门结合实际认真贯彻落实。2021 年 1 月，《中共中央 国务院关于全面推进乡村振兴加快农业农村现代化的意见》[②]发布；2 月 25 日，国务院直属机构国家乡村振兴局正式挂牌，要做好乡村振兴这篇大文章。2021 年 3 月，《中共中央 国务院关于实现巩固拓展脱贫攻坚成果同乡村振兴有效衔接的意见》公开发布，提出重点工作。《中共中央 国务院关于全面推进乡村振兴加快农业农村现代化的意见》[③]中指出，党的十九届五中全会审议通过的《中共中央关于制定国民经济和社会发展第十四个五年规划和二〇三五年远景目标的建议》，对新发展阶段优先发展农业农村、全面推进乡村振兴做出总体部署，为做好当前和今后一个时期"三农"工作指明了方向。

乡村文化是中国传统文化的重要组成部分，对于维护民族文化多样性、促进乡村社会和谐、提高乡村居民素质具有重要意义。乡村振兴以产业兴旺为重点，以生态宜居为关键，以乡风文明为保障，以治理有效为基础，以生活富裕为根本，到 2050 年，乡村全面振兴，农业强、农村美、农民富全面实现。其中乡村振兴的乡风文明把精神文化层面的提升作为乡村振兴的灵魂，贯穿于进程的各个环节。坚持农业农村优先发展，坚持城乡融合发展，畅通城乡要素流动。扎实推动乡村产业、人才、文化、生态、组织振兴。

乡村文化振兴作为乡村振兴战略的重要组成部分，旨在构建美丽乡村、提高乡村居民素质、促进农村经济发展。本书将从乡村文化振兴的背景、意义及其对乡村振兴战略的重要性等方面进行论述。乡村振兴是中国特色社会主义事业的重要组成部分，是中华民族伟大复兴的战略性任务。乡村文化振兴作为乡村振兴的重要内容之一，其时代背景可以概括为以下几点：

---

① 中华人民共和国农业农村部：《中共中央 国务院印发〈乡村振兴战略规划（2018—2022 年）〉》，http://www.moa.gov.cn/hd/zbft_news/xczxxwfbh/xgxw/201809/t20180926_6159028.htm。

② 中华人民共和国中央人民政府：《中共中央 国务院关于全面推进乡村振兴加快农业农村现代化的意见》，https://www.gov.cn/gongbao/content/2021/content_5591401.htm? ivk_sa=1024320u。

③ 新华社：《中共中央 国务院关于全面推进乡村振兴加快农业农村现代化的意见》，https://www.gov.cn/zhengce/2021-02/21/content_5588098.htm。

（1）经济转型发展的需要

随着中国经济的发展,传统产业面临转型升级的压力。乡村文化振兴可以发挥和挖掘乡村经济的潜力和优势,促进农业现代化和产业升级,支撑国民经济的高质量、可持续发展。

（2）城乡平衡发展的需要

随着中国经济社会的快速发展,城市化进程加快,农村土地和人口不断向城市转移,使乡村文化面临严重的挑战。乡村土地资源、人力资源和文化资源向城市流转这一过程中,使得乡村基础设施和公共服务出现不足,城乡发展不平衡的问题凸显,需要通过乡村文化振兴来实现城乡协调发展。

（3）保护乡村传统文化遗产和完善农村公共文化服务体系的需要

随着现代化进程的推进,许多传统乡村文化在传承和发展中受到冲击,部分乡村传统文化遗产亟须保护,乡村文化的生态环境面临严峻挑战。农村公共文化服务设施建设、公共文化资源和农村公共文化服务体系亟待完善。只有满足乡村居民文化需求,乡村文化发展的基础设施和服务水平才能得到提高。

（4）国家乡村振兴战略的政策支持

党的十九届三中全会明确提出实施乡村振兴战略,将乡村文化振兴列为战略的重要组成部分,并出台了一系列政策文件和措施,为乡村文化振兴提供了政策保障和资源保障。这些政策支持和指导方向为乡村文化振兴提供了重要的支持。

综上所述,乡村文化振兴是顺应时代发展,促进农村现代化的必然选择。

2.1.2　乡村文化振兴的意义

文化振兴是乡村振兴不可或缺的重要一环,其旨在充分挖掘乡村丰富的人文资源和自然资源,推动优秀乡土文化的保护、传承和创新发展。文化振兴的主要目标是丰富乡村居民的精神文化生活,提升他们的文化素养,改善乡村文化环境,并促进乡村文明的发展。这对于全面推进乡村振兴、加快农业农村现代化具有深远的意义。

（1）传承民族优秀文化

乡村文化是中华优秀传统文化的重要载体,振兴乡村文化有助于传承民族文化精髓,弘扬民族精神,增强民族认同感和文化自信。乡村文化振兴能够促进民族文化的传承和发展,为构建具有中国特色的社会主义文化繁荣提供有力支撑。

（2）提高乡村居民文化素质

乡村文化振兴有助于提高乡村居民的文化素质和综合素质,增强乡村居民的创新意识、科学精神和文明习惯。通过完善农村公共文化服务体系,拓宽乡村居民文化生活空间,提高乡村居民的文化享受,从而提升乡村居民的幸福感和满意度。

（3）构建美丽乡村

乡村文化振兴有助于发挥乡村自然和人文资源的优势,推动乡村生态文明建设,构建和谐宜居的美丽乡村。通过挖掘乡村文化内涵,弘扬乡村传统美德,培育乡村文明新风,形成乡村文化品牌,提升乡村整体形象。

（4）促进乡村经济发展

乡村文化振兴能够为乡村经济发展提供强大的文化支撑,带动文化产业、旅游产业等新兴产业发展,创造新的经济增长点。通过发展乡村文化产业,加强乡村文化与旅游的融合,推动乡村文化创意产业发展,实现乡村文化与经济的良性互动。

（5）促进乡村社会和谐

乡村文化振兴有助于增强乡村社会凝聚力、向心力和创新力,构建和谐稳定的乡村社会。通过弘扬乡村传统文化,培育乡村公民道德,推动乡村文化交流与合作,增进乡村居民之间的互动和融洽,实现乡村社会的和谐发展。

2.1.3　乡村文化振兴对乡村振兴战略的重要性

乡村文化振兴有助于增强乡村社会凝聚力、向心力和创新力,构建和谐稳定的乡村社会,作为乡村振兴战略的内在要求,乡村文化振兴与乡村经济、政治、社会、生态文明建设密切相关,是乡村振兴战略的重要组成部分。乡村文化振兴能够为乡村振兴提供精神动力和文化底蕴,推动乡村振兴战略的全面实施。

(1)乡村文化振兴是乡村治理的重要支撑

乡村治理需要以乡村文化为依托,发挥乡村文化的规范作用和凝聚作用,引导乡村居民树立正确的价值观和道德观,形成共建共治共享的乡村治理格局。

(2)乡村文化振兴是乡村居民素质提升的关键路径

乡村文化振兴能够提高乡村居民的文化素质和综合素质,培养乡村居民的创新精神和实践能力,为乡村人才培养和人才引进提供有力保障。

(3)乡村文化振兴是乡村经济转型升级的重要引擎

乡村文化振兴能够为乡村经济发展提供新的动力和机遇。通过发展文化产业、旅游产业等新兴产业,推动乡村经济结构调整和优化升级。

(4)乡村文化振兴是乡村生态文明建设的有力保障

乡村文化振兴有助于培养乡村居民的生态文明意识,引导他们树立绿水青山就是金山银山的发展理念,以此推动乡村的绿色发展,构建生态宜居的美丽乡村。

总之,乡村文化振兴是乡村振兴战略的重要组成部分。通过建立长效机制,增强国家乡村文化软实力,构建县域文化振兴体系。我们要深入贯彻落实乡村振兴战略,加大乡村文化振兴力度,推动乡村文化的繁荣发展,在政策、规划、支撑、主体、细则、评价等方面推动乡村的振兴,以此为实现全面建设社会主义现代化国家的目标做出贡献。

2.2　乡村文化振兴的现状与问题

2.2.1　乡村文化振兴的现状

在新时代背景下,乡村文化振兴成为国家战略的重要组成部分。乡村文化振兴不仅关系到乡村居民群众的精神生活和乡村文明程度,还对乡村经济发展、乡村治理和乡村生态环境等方面产生重要影响。目前,乡村文化振兴在以下几个方面取得了一定的成果。

（1）乡村传统文化的保护和传承

各级政府重视乡村传统文化的保护和传承,投入资金、人力等资源,开展了一系列保护性的挖掘、整理、研究和传播工作。许多地区成立了专门的乡土文化研究机构,对乡村非物质文化遗产、民间艺术、传统村落等进行保护和研究。此外,各地还举办了大量的乡村文化活动,如庙会、民间艺术展览等,充分展示了乡村文化的独特魅力。

（2）乡村文化设施建设

为满足乡村居民群众日益增长的文化需求,各级政府加大了对乡村文化设施建设的投入。许多地区新建或改造了文化馆、图书馆、文化活动室等,为乡村居民提供了丰富的文化服务。乡村文化设施的提升有助于改善乡村居民的精神生活,并培养乡村文化氛围。

（3）文化产业发展

在乡村文化振兴的过程中,文化产业逐渐成为乡村居民增收和农村经济发展的重要支柱。许多地区通过发展特色文化旅游、手工艺品制作、农产品加工等产业,挖掘乡村文化资源的经济价值。文化产业发展有助于调整乡村产业结构,推动乡村经济转型升级。

（4）乡村文化教育推进

在乡村文化振兴过程中,教育发挥着至关重要的作用。各级政府加大了对乡村文化教育的投入,推进乡村教育均衡发展,提高农村居民的文化素质。一些地区通过设立乡村学校、图书馆、文化活动室等设施,提供丰富的教育资源。此外,各地还开展了针对乡村居民的文化技能培训、文化素质提升等活动,增强了乡村居民的文化自信心。

（5）乡村文化交流与合作

为促进乡村文化交流与合作,许多地区加强了乡村之间的联动,充分发挥各自的优势,共同推动乡村文化发展。一些地区还与城市、高校等进行合作,利用先进的技术、资源和经验,助力乡村文化振兴。

(6)乡村文化扶贫工作

乡村文化振兴与扶贫工作密切相关。各地区将文化扶贫纳入乡村振兴战略,通过发展文化产业、提高文化服务水平、实施文化惠民工程等措施,为贫困地区脱贫攻坚提供有力支持。

2.2.2　乡村文化振兴存在的问题

尽管乡村文化振兴在一定程度上取得了成果,但仍面临一系列问题和挑战,这些问题可能会影响到乡村文化振兴的进程和成果。以下是乡村文化振兴工作中存在的一些主要问题。

(1)传统文化传承不足

虽然乡村传统文化得到了一定程度的保护和传承,但仍存在传承不足的问题。随着现代化进程的加速,乡村传统文化在传承过程中面临着不同程度的冲击。一些乡村居民认为自己的传统文化与现代社会脱节,不愿意参与文化传承和发展。这种心态影响了乡村文化振兴的推进。乡村青年对本土文化的认同度有待提高,以便传统文化传承得到延续和文化自信得以加强。

(2)乡村文化设施滞后

政府已经加大了对乡村文化设施建设的投入,但在一些地区乡村文化设施仍然滞后,不足以满足乡村居民的需求。此外,乡村文化设施的管理和服务水平也有待提高,以便更好地为乡村居民群众提供服务。

(3)文化产业发展不平衡

乡村文化产业在不同地区存在很大的发展差异。一些地区成功地将文化资源转化为经济价值,而另一些地区存在的资金、技术、人才等方面的原因,限制了文化产业的发展,增加了乡村文化振兴的难度。

(4)乡村文化教育资源不足

乡村教育资源相对城市而言较为匮乏,尤其是文化教育资源。这使得乡村居民在文化素质、艺术修养等方面相对落后,影响到乡村文化振兴的推进。

（5）乡村文化交流与合作不足

虽然乡村文化交流与合作取得了一定的成果,但在一些地区,乡村之间的文化交流与合作仍然不够充分,这可能导致乡村文化资源的重复建设,或者振兴政策的落地实施不及时,从而制约乡村文化振兴的发展。

（6）高校智慧图书馆资源利用不足

虽然高校智慧图书馆拥有丰富的资源和先进的技术,但在乡村文化振兴过程中,这些资源往往没有得到充分利用。主要原因包括信息传播不畅、乡村居民对智慧图书馆认知不足以及技术应用门槛较高等因素。

（7）乡村文化创新力不足

在乡村文化振兴过程中,创新力往往不足。乡村文化发展很容易陷入传统模式的固化,缺乏对新的文化形式、内容和传播方式的探索和创新,限制了乡村文化振兴的活力和吸引力。

（8）对乡村文化和人才价值的认识不足

在乡村文化振兴过程中,对乡村文化和人才价值的认识往往不足。一些地区忽视乡村文化的独特性和多样性,过于追求城市化、现代化,导致乡村文化的同质化和消解。

综上所述,乡村文化振兴工作面临诸多问题和挑战。为了解决这些问题,我们需要从以下多个方面着手:保护和传承乡村传统文化、完善乡村文化设施、发展乡村文化产业、提高乡村文化教育水平、加强乡村文化交流与合作、确保文化振兴政策的落地实施等。只有共同努力,才能推动乡村文化振兴的实现。

2.3　乡村文化振兴的需求与期望

2.3.1　传统文化保护和传承需求

传统文化是在长期历史发展过程中,一个民族或社会逐渐形成的文化现象,它代表了该民族或社会的核心特征和价值观。它蕴含着深厚的文化底蕴和艺术价值,对提高人们的文化素养和满足精神需求具有重大意义。保护和传承传统文化对于维护文化的连续性和稳定性、促进文化多样性、推动经济发展、促进社会和谐等多方面具有重要价值。通过传承传统文化,我们可以弘扬民族精神,增强民族自豪感和认同感,从而促进社会的和谐稳定。

(1)乡村传统文化价值的挖掘与传承

乡村文化具有丰富的历史文化底蕴,包括乡土历史、民间艺术、传统技艺等。乡村居民期望得到支持,深入挖掘乡村文化资源和这些文化资源中蕴含的优秀思想观念、人文精神和道德规范,并充分发挥其在凝聚人心、教导群众和淳化民风中的重要作用,使之成为乡村文化振兴的基石。

(2)文化遗产保护与利用

乡村文化遗产是传统文化的重要载体,如古村落、历史建筑、民间风俗等。乡村居民期望加强文化遗产的保护与利用,让这些资源得以传承,发挥其社会和经济价值。

(3)传统文化活动的推广与传播

乡村有许多独特的传统文化活动,如庙会、村戏、民间歌谣等。乡村居民期望通过各种渠道推广和传播这些活动,弘扬乡村传统文化,提升乡村文化认同感。

2.3.2　文化设施与服务需求

提升乡村公共文化服务水平,优化城乡文化资源配置。加强乡村公共文化服务体系建设、公共文化服务设施建设和文化惠民工程建设。积极落实国家文化专网和国家文化数字化战略,使数字化成果全民共享,丰富乡村群众的精神文化生活。

(1)优质文化设施的完善与普及

乡村居民期望拥有更加完善的文化设施,如图书馆、文化活动中心、美术馆等,以满足他们的文化需求。这些设施应具备较高的可达性和可用性,方便乡村居民参与文化活动。

（2）文化服务的多样化与精细化

乡村居民期望享受到更加多样化和精细化的文化服务,如书画展览、戏剧演出、讲座沙龙等。这些服务既能满足乡村居民的文化需求,也能提高他们的文化品位和审美水平。

2.3.3　文化产业发展需求

文化产业是集智力、创意、人才等为一体的产业,可以促进乡村经济的发展,提升乡村文化的影响力。

（1）文化产业的培育与发展

乡村文化产业发展是实现乡村振兴的重要途径。乡村居民期望政府、企业等各方支持,发掘乡村文化资源,培育和发展文化产业,为乡村经济增长注入活力。

（2）乡村旅游业的振兴

乡村旅游业是乡村文化产业的重要组成部分,有助于展示乡村文化的魅力,带动其他产业的发展。乡村居民期望通过发展乡村旅游,打造具有特色的旅游景点和旅游产品,吸引更多游客,提升乡村经济和文化水平。

（3）文化创意产业的创新与发展

乡村文化创意产业是文化产业的新兴领域,具有很大的市场潜力。乡村居民期望能够借助现代科技手段,发挥乡村文化的创意潜力,发展文化创意产业,提升乡村文化的竞争力。

2.3.4　文化教育需求

文化振兴对文化教育的需求至关重要。文化教育不仅可以帮助人们理解和欣赏自身文化的价值,还能促进文化创新和跨文化交流。文化振兴需要加强对文化教育的重视和支持。通过强化课程设置、培养文化意识、提高教师素质、加强交流活动、增加投入、建立合作机制,以及评估和改进等方式,我们可以更好地满足这一需求,促进文化的繁荣和发展。

(1)乡村文化教育资源的完善

乡村居民是乡村振兴的主体,也是乡村文化创造和实践的主体。我们应该重视乡村文化人才的持续性和针对性培育。乡村居民期望提升文化教育资源的供给水平,包括教育设施、师资力量、课程设置等方面。这样有助于提高乡村居民的文化素养,激发他们的文化创新活力,为乡村文化振兴培养人才。

(2)乡村文化教育活动的丰富与多样

乡村居民期望参与更加丰富和多样的文化教育活动,如书法课程、民间工艺培训、非遗技艺传习等。这些活动对于传承和弘扬乡村文化、培养乡村居民的文化兴趣和特长都起到了积极的促进作用。

2.3.5 乡村文化交流与合作需求

乡村文化振兴对于乡村之间的文化交流与合作的需求十分强烈。加强乡村之间的文化交流与合作,可以推动乡村文化的传承与创新、促进文化产业的发展、提升文化旅游、提高村民素质以及创新社会治理,为乡村的可持续发展提供坚实的保障。乡村文化振兴需要加强对传统文化和地方特色的保护与传承,同时也需要推动文化的创新和发展。这需要加强乡村之间的文化交流与合作,促进不同地区之间的文化互动和经验分享,以推动乡村文化的多样性和包容性发展。加强乡村之间的文化交流与合作,可以促进文化产业资源的整合和优化配置,推动文化产业与乡村经济的深度融合,提高村民的综合素质和文化素养,为乡村的可持续发展提供人才保障,进而提升乡村经济的整体竞争力。

(1)乡村间文化交流的加强

乡村居民期望加强与其他乡村的文化交流,促进乡村文化资源的共享和优化配置。这有助于推动乡村文化的繁荣发展,提升乡村文化的整体水平。

(2)乡村与城市文化交流的深化

乡村居民期望加强与城市的文化交流,借鉴和学习城市文化的先进理念和经验。这有助于缩小乡村与城市文化差距,推动乡村文化的现代化进程。

（3）国际文化交流与合作的拓展

乡村居民期望积极参与国际文化交流与合作，学习借鉴世界各地的先进文化理念和实践。这有助于提升乡村文化的国际影响力，为乡村文化振兴注入新的活力。

2.3.6 高校智慧图书馆与乡村文化振兴的合作需求

乡村振兴首先是乡村文化振兴，高校智慧图书馆在乡村文化振兴中扮演着重要角色。

（1）高校智慧图书馆资源共享

乡村居民期望能够充分利用高校智慧图书馆的丰富资源，包括书籍、电子资源、研究成果等。这有助于满足乡村居民的学术和文化需求，促进乡村文化素质的提高。同时，借助乡村文献信息的资源优势和特色，可以打造地域文化品牌。比如，借助数字资源共享和数字资源服务的优势，可以建立乡村振兴信息精准服务共享平台，为农户提供资源、阅读和知识查询等服务，并借助移动终端设备的使用，使服务更加便捷。这样的做法不仅可以提高高校智慧图书馆的文献资源利用率，还能增加高校的影响力，实现双赢的局面。

（2）高校智慧图书馆技术支持

技术分析在高校智慧图书馆的乡村振兴中起着重要的支撑作用。乡村居民期望高校智慧图书馆提供先进的技术支持，如数字化技术、云计算、大数据等。这些技术可以应用于乡村文化资源的整合、开发和推广，提升乡村文化的现代化水平。高校智慧图书馆具有空间多、开放度大的优势，可以利用这些优势建设虚拟仿真（VR）体验馆、动手操作等实践平台，积极对接乡村条件资源，开展与乡村振兴相关的专题会议、实践体验、面对面对接，以及为产业和乡村一线实践活动提供技术支持。此外，对乡村的人文历史、自然特色分布等进行科学分析，可以获得自然来源优劣图谱，为实现绿色生态乡村振兴提供保障。

（3）高校智慧图书馆与乡村文化振兴的深度合作

乡村居民期望高校智慧图书馆与乡村文化振兴工作深度合作，共同推动乡村文化振兴的实施。具体合作形式包括：策划和实施乡村文化项目、开展乡村文化研究与智库建设、提供乡村文化人才培训和技术指导等。从专业的知识体系、能力体系、培养过程和质量等方面提升对文献资源环境的需求，加快文献资源和服务设施建设。特别是针对营养健康、智慧农业、生物种业、农林智能装备等新学科新专业和交叉培养模式，加快文献资源的新建、扩充或专题化建设。同时，还应该加快建设以数字化为特征的图书文献和教育教学新形态，提升慕课、虚拟仿真教学、实验空间等数字化应用能力。

（4）高校智慧图书馆助力乡村振兴的人才振兴

乡村振兴战略实施离不开乡村人才振兴，中共中央办公厅、国务院办公厅印发的《关于加快推进乡村人才振兴的意见》[①]强调，坚持把乡村人力资本开发放在首要位置，大力培养本土人才，引导城市人才下乡，推动专业人才服务乡村，吸引各类人才在乡村振兴中建功立业，健全乡村人才工作体制机制，强化人才振兴保障措施，培养造就一支懂农业、爱农村、爱农民的"三农"工作队伍，为全面推进乡村振兴、加快农业农村现代化提供有力人才支撑。要充分发挥各类主体在乡村人才培养中的作用，推动政府、培训机构、企业等发挥各自优势，形成工作合力，共同参与乡村人才培养，解决限制乡村人才振兴的问题。高校最根本的职能是人才培养，具有学科、科技和人才等多方面的优势。图书馆是其科技教育资源优势的集中体现之一，在乡村人才振兴中应该发挥应有的作用。高校作为高层次乡村人才培养的主体，高校智慧图书馆作为科技、人才、信息资源中心，应积极探索形成服务乡村人才振兴的新路径、新模式和新贡献。

通过以上对乡村文化振兴需求与期望的详细论述，深入研究文化扶贫与乡村振兴的契合关系，促进人的全面发展、提高社会文明程度、增强国家文化软实力的内在关系，着力在构建区域文化扶贫规划体系、文化扶贫责任体系、文化扶贫内容体系、跨界融合支撑体系、文化扶贫投入体系、文化扶贫动员体系、文化扶贫评价体系和文化扶贫政策体系等方面进行深入研究，为第二个百年奋斗目标的实现提供高质量的文化扶贫研究成果。同时，我们可以看到乡村居民对于

---

① 中华人民共和国中央人民政府：中共中央办公厅 国务院办公厅印发《关于加快推进乡村人才振兴的意见》，https://www.gov.cn/zhengce/2021-02/23/content_5588496.htm。

文化振兴的迫切期待。他们希望保护和传承乡村传统文化,完善文化设施与服务,发展文化产业,提高文化教育水平,加强文化交流与合作,以及与高校智慧图书馆实现资源共享和技术支持等。为了满足这些需求与期望,我们需要加强政策支持、资源整合和合作协同,共同推动乡村文化振兴的实现。

第3章 高校智慧图书馆
建设基础与设计

3.1 高校智慧图书馆建设的概念和特点

3.1.1 高校智慧图书馆的概念及发展

（1）高校智慧图书馆的概念

高校智慧图书馆是在高校数字图书馆的基础上，通过利用现代信息技术，实现数字资源的整合和共享，提供个性化、智能化和便捷化的信息服务，为高校师生提供一个开放、共享、创新和协同的学术环境。高校智慧图书馆不仅关注知识资源的获取、组织和传播，还重视用户体验、个性化服务和空间设计，力求满足高校教学、科研和文化需求。

智慧的实质是人类在认识、理解和应用知识的过程中所具备的思维、判断、发现、关联、批判和探索等综合能力。其核心是将提取的有用知识信息赋以价值观和道德准则，并应用到实践中。智慧图书馆就是建立一个组织结构合理、运行程序优良、效能较大的系统，让用户在时间维度上以最低内耗实现对人、事、物、社会等的深刻理解、思考分析和真理探求。图书馆在发展过程中，始终致力于为用户提供这种乌托邦式的服务。即便是在当下，随着先进的人工智能技术的推动，图书馆已完成藏书—数据—信息—知识—智慧的演化过程，但仍然追求着更好的使用体验，正可谓是：用者，馆之大事，死生之地，存亡之道，不可不察也。

智慧图书馆是一个广义的概念,不同学者给出了不同的定义。米勒等人从科学计算和软件工程的角度出发,论述了图书馆的智慧化建设;华侨大学的严栋认为,"智慧图书馆=图书馆+物联网+云计算+智慧化设备";王家玲从馆员、管理、服务内容和服务形态等方面考虑,提出了智慧图书馆体系架构;董晓霞等人认为智慧图书馆的服务本质包括智慧化感知和数字图书馆泛在化;王世伟认为智慧图书馆应以互联、高效、智能为特点,以绿色发展和数字惠民为服务宗旨。综上所述,智慧图书馆是一个综合了科学计算、软件工程、物联网、云计算、智慧化设备等技术与理念的现代化图书馆,它代表了现代图书馆科学发展的理念与实践。

笔者认为,智慧图书馆是在克服社会生活中空间和时间限制的过程中,通过立体感知和保障图书馆受众之间泛在化、有效的交互,实现智能化服务的图书馆,也是图书馆服务的高级阶段。它依托于各类网络和智能技术,能够感知和记忆用户的信息聚类需求,理解和辨别用户的需求习惯,并预判和处理应用动向的决策能力,采用虚拟现实、增强现实、创客空间和图书馆员4.0等智慧架构的多元有机系统,提供智慧化管理和以人为本的服务,成为一种新型的图书馆模式。它确保用户在知识的学习、研究与创造过程中能够获得最大程度的便捷、个性化和智能化的服务。

(2)高校智慧图书馆建设背景

随着大数据、云计算及人工智能建设方案在我国各领域现代化建设工作中的不断推进,图书馆界的现代化改革工作也开始在新技术融合路径进行相应的探索,突出表现为我国高等教育机构内所提出的各类"互联网+""AI+"以及"学科+"概念。将国内各项传统行业同人工智能技术进行融合,实现传统产业的发展与转型,是新时代中国"互联网+"战略的核心内容。加强以5G为支撑的人工智能技术研发与应用也将成为我国政府"十四五"以来工作的重要目标。图书馆作为传统行业的典型代表,在践行这一目标上走在其他行业前列。智慧图书馆正是利用新一代智能化信息技术实现受众与图书馆交互方式改变,转化和升级图书馆智慧化服务及管理水平,将智能化信息技术与传统图书馆建设进行有机结合,提高图书馆的信息处理和应用的便捷度和灵活度。总之,其发展背景归纳为三个方面:

①社会经济发展的推动。随着经济全球化、信息化和知识经济的发展,高校教育面临着新的挑战和机遇,需要高校图书馆在知识传播、创新和人才培养等方面发挥更大的作用。

②科技创新的推动。现代信息技术的飞速发展,为图书馆的数字化、网络化和智能化提供了技术支持,使高校图书馆的服务模式和功能得到了拓展。

③用户需求的推动。高校师生对于图书馆的需求不再仅仅局限于传统的书籍借阅和参考咨询,而是更加关注个性化、便捷化和高效化信息服务,以及舒适、开放和协同的学术环境。

(3)高校智慧图书馆的发展阶段

早在21世纪初,芬兰奥卢大学图书馆学者 Aittola Markust 等人在一篇名为《智慧图书馆:基于位置感知的移动图书馆服务》的文章中首次提出了"智慧图书馆"的概念。他们认为,智慧图书馆是秉承绿色发展理念的全方位感知且不被时空局限的移动图书馆服务。阮冈纳赞在其1931年出版的著作《图书馆学五定律》①中提出了图书馆学五个定律,分别是"书是为了用的""每个读者有其书""每本书有其读者""节省读者的时间"和"图书馆是一个生长着的有机体"。2004年,Mark C. Miller 在一次国际会议上指出,智慧图书馆实质上是软件质量工程(Software Quality Engineering)。直到2008年,IBM 提出了"智慧地球"的理念后,智慧图书馆的理论研究和实践才开始全面展开。我国对智慧图书馆的理论研究始于1999年,林文睿发表了一篇名为《智慧型图书馆建筑思考》的文章,从超智慧型大楼管理系统(Intelligent Facilities Management System, IFMS)的角度介绍了智慧型图书馆建筑的概念与实践。总的来说,高校智慧图书馆的发展经历了三个阶段。

第一阶段(20世纪80年代末至20世纪90年代):这一阶段的特点是计算机技术和网络技术的引入,使得高校图书馆开始实现自动化管理和网络服务,如图书借阅、编目、数据库检索等。

第二阶段(20世纪90年代至21世纪初):这一阶段的主要特点是数字化资

---

① 《图书馆学五定律》(The Five Laws of Library Science)是阮冈纳赞于1931年撰写的是一本享誉世界的图书馆学名著,其图书馆学五个定律被国际图书馆界誉为"我们职业最简明的表述"。

源的建设和应用,高校图书馆开始提供数字化文献检索、电子书籍阅读、在线学术交流等服务。

第三阶段(21世纪初至今):这一阶段的核心是智能化技术的应用和服务创新,高校图书馆逐渐发展成为一个以用户为中心、以知识为基础、以技术为支撑、以创新为动力的智慧型学术机构。在此阶段,高校智慧图书馆提供更多的个性化服务、智能化推荐和空间优化等功能。

3.1.2　国内外智慧图书馆建设实践和存在的问题与发展趋势

(1)智慧图书馆的国内外建设实践

国外方面,起源于加拿大渥太华地区的 Smart Library 图书馆联盟是最早的智慧化服务雏形,该联盟的目标是为所有成员馆提供一站式资源查阅服务。在21世纪初,澳大利亚的昆士兰州建立了与智慧社区集成的智慧图书馆网络系统。虽然智慧图书馆服务应用的雏形基本建立,但是后来的应用推荐系统对用户需求进行预测与分析,以及用户的个性化需求与用户参与的研发,并没有像基于数据挖掘的可感知检索模式和基于情境语义分析技术对智慧图书馆的发展起到引领作用。自2012年开始,国外开始构建基于移动服务的智慧图书馆平台,进一步扩大了智慧图书馆的服务范围,使智慧图书馆服务更贴近用户的实际需求。与此同时,还构建了 RFID(Radio Frequency Identification)标准技术体系来提升智慧图书馆应用的整体安全性。国内方面,2005年,上海图书馆开展的移动服务、数字化阅读账单定制、大数据和自媒体服务、自助借还和读者荐购等精细化服务,开启了国内智慧图书馆应用的先河。随后,深圳盐田区图书馆通过与物联网的互联互通,以及内蒙古图书馆推出的"彩云计划",表明智慧图书馆服务在我国得到了推广和应用。与此同时,手机相关软件的开发不断拓展了智慧图书馆的服务内容和形式。2018年,智慧图书馆服务平台正式推出。众多企业也纷纷推出了智慧图书馆的解决方案与平台,加速了高校图书馆的智慧化建设,如清华大学、南京大学、武汉大学都在不同程度上进行了智慧图书馆实践。各地市公共图书馆也在政府的主导下积极探索智慧图书馆的建设与服务。总之,智慧化概念被引入我国后,智慧图书馆建设可以根据发展规模及时间被划分为探索、研究和发展三个阶段,具体的成长过程如图3-1所示。

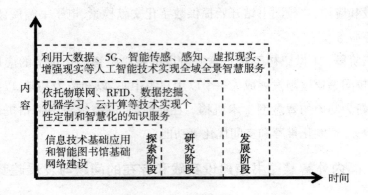

图 3-1 我国智慧图书馆成长过程图

由图 3-1 可见,智慧图书馆在我国的初期探索阶段主要进行了信息技术基础应用和智能图书馆基础网络建设。随着建设进程的推进,在后续的中期和当代建设中,馆内所提供的各类技术性服务开始占据主导地位,其中包括人工智能技术、大数据技术的应用以及全域化智能平台的使用,这些对智慧化服务提出了更高层次的智慧要求。提升馆内智慧化服务水准,吸引更广泛的受众群体并满足其需要已势在必行。但总体来看,国内智慧图书馆建设尚未形成共同的有机观念,也没有出现标杆性的智慧图书馆范例。为了避免盲目仓促建设带来的综合性、长期性与复杂性难题,笔者认为需要结合现阶段智慧图书馆的建设实例,深入挖掘图书馆的服务本质,构建智慧图书馆的整体模式;同时,进一步探索新时代下智慧图书馆的建设模式与路径也是必不可少的。

(2)高校智慧图书馆的建设的问题

智慧图书馆在大规模启动且快速推进过程中出现了诸多问题,如定位不准、目标不清,任务不明、服务不实,系统协同性差,重设施建设、轻应用服务,重资源信息化、轻资源共享等现象时有发生。这些问题的主要原因是智慧图书馆作为一个学科较新的命题,相关的软科学研究相对薄弱,具体总结如下:

①智慧化服务体系构建的非整体性

大部分智慧图书馆建设都是由数字图书馆根据某单位或部门的局部服务需求进行升级改造而来的。由于原有数字资源的分散性和重建性,再加上智慧创新资金来源的单一性以及建设者对先进的智慧理念的认知滞后,智慧图书馆建设缺乏整体的全局体系。不同类型的智慧图书馆在建设资金分配上存在较大的差距,社会资本难以流向投入高但回报率较低的服务业。同时,政策供给方面缺乏长效保障机制和跨行业、跨单位的共享机制,使得智慧图书馆建设很难确保资源和空间要素的衔接和继承,尚未形成智慧化、有机整体的建设氛围。

②智慧化技术应用上的局限性

技术力量薄弱是智慧图书馆建设的主要掣肘。随着以大数据、区块链、云计算、深度学习算法为基础的人工智能技术和以人脸识别、语音识别、扩展显示为代表的感知交互技术逐渐成熟,为图书馆的发展带来了新的变革,带动了图书馆领域原有的运作模式转变。特别是第五代的移动通信技术(5G 技术)的应用及其衍生产业链的发展,具有超高传输效率、低延迟和超强精准度,不仅让图书馆缩小了数字鸿沟,增加了信息的对称性,还使其跨越到移动互联网,为智慧图书馆的建设实践及研究提供了更为广阔的现实条件,实现了数字图书馆的智慧化转变。然而,在智慧图书馆的建设中,资源数字转化、数据存储、物联网和超高频射频等技术对于大多数图书馆来说都存在难题,使得智慧化进程相当缓慢,智慧图书馆的实践工作无法全力推进。有时甚至出现过于追求技术而加重了硬件设备投入的情况,或者过度投入某项技术应用,而忽略了智慧图书馆中的人文属性。尽管在去空间化的立体感知上能达到极高的水平,但仍无法实现图书馆与用户之间形成泛在化高效交互的有机体,从而无法实现智慧化管理与以人为本的服务的新型图书馆模式。

③智慧化服务平台构建的异步性

智慧图书馆保证了海量、复杂数据的收集与分析,提高了服务效能。但是,图书馆的服务能力提升的速度并没有跟上。随着硬件规模的不断扩大和数字资源的不断增加,智慧化服务平台的建设与资源增长和服务需求的增长速度不同步。解决智慧图书馆建设中的异步性问题,需要智能技术运用与智慧化服务平台研发相融合,围绕行业规范、管理制度及平台推广等方面展开工作。通过提升图书馆信息化智慧化服务平台的高效用率,降低非长效性规划建设带来的复杂性,使图书馆的知识服务和资源管控同步发展,以满足当下智慧图书馆建设面临的难题。

④智慧化服务全域化应用能力的薄弱

智慧化服务全域化应用能力是指在智慧图书馆建设中,注重智慧依赖,重塑洞见知识和经验的获取方式,贯穿整个智慧图书馆服务全过程的生态系统服务能力。这种能力基于深刻感知实现、广泛互联、管理和服务智慧化、数字图书馆融合的理论,并以智慧技术为关键支撑。它由人、资源、技术和制度组成,配合多元化的新型元素构建不受空间制约的新模式,使微观和宏观结合、多维度协同,实现虚实有机共存的生态智慧图书馆。智慧化服务更加注重用户行为特征的分析和服务的个性化定制、资源的有效利用和准确匹配,既让每个用户拥有适合自己的资源,也让每种资源找到适合自己的用户,实现了用户服务的生命化,从而实现了全域化大图书馆的智慧共同体。然而,在当前的智慧图书馆建设过程中,知识的挖掘能力、服务供给方式的智慧化程度、资源服务的创新力、智慧型的服务水平以及数据安全保障方面都存在不同程度的缺陷,弱化了智慧化服务全域化应用能力。

(3)高校智慧图书馆的发展趋势

①资源共享与整合

随着大数据、云计算和物联网等技术的发展,高校智慧图书馆将进一步实现资源的跨机构、跨区域、跨领域共享与整合,以提高资源利用率和服务水平。

②服务智能化与个性化

通过数据挖掘、人工智能和机器学习等技术,高校智慧图书馆将实现用户需求的精准识别、服务内容的智能推荐以及用户体验的个性化定制。

③空间环境优化与创新

高校智慧图书馆将根据用户的学习、研究和交流需求,创新空间设计和功能布局,打造舒适、开放和协同的学术氛围。

④技术应用与创新

高校智慧图书馆将持续关注新兴技术的发展趋势,尝试将虚拟现实、增强现实、人脸识别等技术应用于图书馆的服务和管理中,以提高服务效率和质量。

⑤社会合作与服务拓展

高校智慧图书馆将积极开展与其他高校、科研机构、企业和社区的合作与交流,共同推动知识创新和传播,拓宽服务领域和价值。

综上所述,高校智慧图书馆作为现代高校教育的重要组成部分,其概念及发展受到了社会经济、科技创新和用户需求等多方面的影响。在未来,高校智慧图书馆将继续关注用户需求,利用先进技术实现资源共享与整合,提供智能化与个性化的服务,优化空间环境,促进技术应用与创新,拓展社会合作与服务,以更好地满足高校教育和科研的需求。

3.1.3　高校智慧图书馆的特点与功能

（1）高校智慧图书馆的特点

①资源数字化与网络化

高校智慧图书馆的文献资源以数字化和网络化为主要特征。这些资源既包括各类电子书籍、电子期刊、数据库等数字化资源,也包括对纸质资源的数字化处理和网络传播。

②用户中心与个性化

高校智慧图书馆关注用户需求,以用户为中心,提供个性化、智能化和便捷化的信息服务。通过运用用户画像、推荐系统等技术手段,实现对用户需求的精准识别和个性化服务的提供。

③技术支持与创新

高校智慧图书馆依托现代信息技术,实现图书馆管理和服务的自动化、智能化和便捷化,同时,不断探索人工智能、大数据、云计算、物联网等新技术在图书馆领域的应用。

④空间设计与协同

高校智慧图书馆重视空间设计和功能布局,根据用户的学习、研究和交流需求,打造舒适、开放和协同的学术环境。空间布局既有独立的学习区、阅览区、讨论区,也有多功能的报告厅、培训室、展览区等。

⑤合作共享与服务拓展

高校智慧图书馆通过校际合作、联盟建设等方式,实现资源共享和服务拓展,提高图书馆的社会价值和影响力。

（2）高校智慧图书馆的功能

①数字资源服务

高校智慧图书馆提供丰富的数字资源服务，包括电子书籍、电子期刊、数据库、多媒体资料等。用户可以通过计算机、移动设备等多种途径实现远程访问和在线阅读。

②智能检索与推荐

高校智慧图书馆利用数据挖掘、人工智能和机器学习等技术，实现文献资源的智能检索和个性化推荐。用户可以根据自己的兴趣和需求，快速找到相关的学术资源和服务。

③个性化服务与应用

高校智慧图书馆提供个性化的信息服务和应用，如个人学术主页、我的书架、阅读历史、学术成果管理等功能。用户可以根据自己的需求，定制个性化的服务内容和界面，从而提高学习和研究效率。

④学术交流与协作

高校智慧图书馆提供多种学术交流和协作平台，如在线论坛、专题讲座、研讨会、工作坊等。用户可以在这些平台上分享学术成果、交流学术观点、结识同行，从而促进学术创新和合作。

⑤知识创新与传播

高校智慧图书馆支持用户开展知识创新和传播活动，如学术研究、成果展示和成果转化等。通过提供知识产权保护、学术评价和技术转让等服务，帮助用户实现知识的创新和传播。

⑥培训与教育

高校智慧图书馆开展各类培训和教育活动，如技能培训和讲座报告等，帮助用户提升信息检索、资源利用和学术写作等方面的能力，培养终身学习的素养。

⑦文化活动与展览

高校智慧图书馆举办各类文化活动和展览，如书画展、摄影展、电影展等，旨在丰富用户的文化生活,提升图书馆的文化品位和内涵。

⑧空间优化与服务

高校智慧图书馆注重空间设计和服务创新,提供多样化、舒适化和智能化的空间环境,如独立的学习区、阅览区、讨论区,以及多功能的报告厅、培训室、展览区等。

⑨移动服务与应用

高校智慧图书馆通过移动设备和应用提供便捷的移动服务,如手机客户端、移动阅读和移动导览等。这样用户可以随时随地获取图书馆的信息和服务。

⑩社会服务与拓展

高校智慧图书馆积极参与社会服务和拓展活动,与其他高校、科研机构、企业和社区开展合作与交流,通过校际合作、联盟建设等方式提高图书馆的社会价值和影响力。

综上所述,高校智慧图书馆以数字化、网络化的资源特点为基础,以用户中心、个性化的服务理念为导向,依托技术支持与创新,在空间设计与协同方面进行重点布局。同时,积极开展合作共享与服务拓展,以提供以下多种功能为目标:数字资源服务、智能检索与推荐、个性化服务与应用、学术交流与协作、知识创新与传播、培训与教育、文化活动与展览、空间优化与服务、移动服务与应用、社会服务与拓展等。通过这些服务和功能,高校智慧图书馆致力于为用户提供全方位、高品质的学术支持和服务。

高校智慧图书馆作为现代高等教育的重要组成部分,其特点与功能的发展受到了社会经济、科技创新和用户需求等多方面的影响。在未来,高校智慧图书馆将继续关注用户需求,利用先进技术实现资源共享与整合,提供智能化与个性化的服务,优化空间环境,促进技术应用与创新,拓展社会合作与服务,以更好地满足高校教育和科研的需求,为构建现代化、智能化、人文化的高校图书馆贡献力量。

3.1.4 高校智慧图书馆建设的策略

（1）资源策略

①资源采购与建设

为了满足高校师生的学术需求,智慧图书馆需要制定合理的资源采购和建设策略。首先,通过对用户需求的分析,确定重点学科和研究方向,优先采购相关领域的高质量数字资源。其次,加强与出版社、数据库提供商等机构的合作,争取更多优惠政策和优质资源。最后,注重资源的长期维护和更新,定期评估资源使用情况,及时淘汰过时资源,保障资源的时效性和质量。

②资源组织与管理

智慧图书馆需要有效组织和管理资源,以便用户快速检索和利用。首先,实施统一的元数据标准和规范,对各类资源进行描述和分类。其次,可以采用先进的知识组织系统,如本体和知识图谱等技术,来构建资源之间的语义关联,提高检索的准确性和推荐的精准度。最后,为了保护版权和合规使用资源,还需要加强版权保护和许可管理。

③资源共享与服务

资源共享是智慧图书馆的重要特点,需要制定相应的策略和措施。首先,可以考虑加入区域或全国性的图书馆联盟,以实现资源共享。其次,可以与其他高校、科研机构等建立合作关系,共同构建共享资源平台。最后,可以利用云计算、大数据等技术手段,提供便捷的远程访问和在线服务,以满足用户多样化的需求。

（2）技术策略

①技术框架与基础设施建设

智慧图书馆需要构建稳定、安全、高效的技术框架和基础设施。首先,需要规划合理的网络拓扑结构,以保障数据传输和访问速度。其次,可以部署云计算、虚拟化等技术手段,实现资源和服务的弹性扩展。最后,加强信息安全防护,建立完善的备份和恢复机制,确保业务连续性。

②技术创新与应用

智慧图书馆应积极探索新技术在图书馆领域的应用。首先,引入人工智能、大数据等前沿技术,提高资源检索与推荐的智能化水平。其次,发展虚拟现实、增强现实等技术,为用户提供沉浸式的学习和体验环境。最后,关注物联网、移动互联网等技术的发展趋势,及时将其应用于智慧图书馆的各项业务。

③技术支持与保障

为确保智慧图书馆的正常运行,需要提供强有力的技术支持与保障。首先,要加强技术团队的建设,培养具备跨学科知识和技能的信息技术人才。其次,制定详细的技术运维规程和标准,确保智慧图书馆系统稳定、安全、高效运行。最后,建立完善的技术培训和支持体系,提升图书馆馆员的技术素养和应用能力。

(3)服务策略

①服务需求分析与规划

智慧图书馆应以用户需求为导向,进行服务需求分析与规划。首先,可以通过问卷调查、访谈、数据挖掘等方法,了解用户对信息的需求和服务期望。其次,结合高校的教学和科研特点,制定有针对性的服务规划和发展策略。最后,需要定期评估服务效果,不断调整和优化服务内容,提高用户的满意度。

②服务模式与手段创新

为了满足用户多样化的需求,智慧图书馆需要创新服务模式与手段。首先,可以开展个性化服务,如定制化的资源推荐和学术成果管理等。其次,可以推进线上线下融合服务,如移动客户端和提供远程咨询等方式。最后,可以举办各类培训、讲座、展览等活动,来丰富用户的学术与文化生活,提高他们对图书馆的参与度和满意度。

③服务质量与评估

智慧图书馆应关注服务质量,并建立完善的评估机制。首先,可以制定服务质量标准和指标体系,对各项服务进行量化评价。其次,可以通过用户满意度调查、意见反馈等途径,主动了解用户对服务的评价和反馈,以了解存在的问题和不足之处。最后,根据评估结果,持续优化和改进服务,提高用户的满意度。

（4）人才策略

①人才培养与引进

智慧图书馆的建设和发展离不开人才的支持。首先,应加强与高校相关专业的合作,培养具备图书馆学、信息科学、计算机科学等多学科知识的复合型人才。其次,可以通过校企合作、国际交流等途径,引进具有丰富经验和专业技能的优秀人才。最后,为员工提供持续学习和发展的机会,提升人才队伍的整体素质和能力。

②人才激励与发展

为了激发员工的工作积极性和创新能力,智慧图书馆需要制定有效的激励政策。首先,建立公平、竞争、激励的薪酬体系,确保员工获得合理的待遇。其次,制定明确的晋升和职业发展通道,让员工具有个人成长的空间。最后,举办各类表彰与奖励活动,激发员工的工作热情和向心力。

③人才队伍建设与管理

为了确保智慧图书馆的高效运行,需要加强人才队伍的建设与管理。首先,制定科学的人员编制和配置方案,合理分配人力资源。其次,建立健全员工的绩效考核制度,激发员工的工作积极性和责任感。最后,加强员工培训与发展,提升员工的专业素养和技能,形成具有创新精神和服务意识的高素质人才队伍。

3.2 高校智慧图书馆建设的基础设施

3.2.1 网络基础设施

（1）高速校园网络

①高速校园网络的概念与意义

高速校园网络是指通过使用高速传输介质和设备,在校园范围内实现快速、稳定的数据传输和资源共享的网络系统。它为高校智慧图书馆提供了一个高效、可靠的信息传输和共享平台,是智慧图书馆各项功能实现的基础。在高校中,学生、教师和研究人员需要借助高速网络来访问图书馆的数字资源,从而进行在线学习、研究和交流。因此,高速校园网络的建设至关重要。

②高速校园网络的设计与建设

高速校园网络的规划与设计需要考虑以下几个方面:网络的覆盖范围、网络拓扑结构、传输介质选择、网络设备选型、网络安全、网络维护等。规划与设计时要充分调查现有的网络设施,进行需求分析并预测未来的发展趋势,以便为图书馆提供稳定、高速、安全的网络环境。

高校智慧图书馆的网络拓扑结构通常采用分层的设计思路,分为核心层、汇聚层和接入层。核心层负责高速、高效地处理和转发数据包;汇聚层负责将接入层汇集的数据进行汇总和处理,实现各个网络区域之间的通信;接入层则负责将用户接入网络中。

传输介质可选择光纤、双绞线等。光纤传输具有高速、抗干扰性强、传输距离远等特点,因此是高速校园网络的主要传输介质。网络设备包括交换机、路由器、防火墙等,选择时需要考虑网络规模、传输速率、安全需求等因素。

③高速校园网络的管理与维护

高速校园网络的管理与维护包括网络性能监测与优化、故障排查与修复、网络安全防护等方面。为了确保网络稳定、高效地运行,需要建立完善的网络管理机制和维护体系。

（2）无线网络

①无线网络的概念与意义

无线网络是指在校园范围内通过无线接入设备实现对互联网和局域网的接入和使用的网络系统。对于高校智慧图书馆来说,无线网络覆盖提供了便捷、灵活的上网环境,使用户可以随时随地访问图书馆的数字资源和服务。

②无线网络的设计与建设

无线网络规划需要考虑以下几个方面:无线接入设备的选型、部署位置、信号覆盖范围、无线信道分配等。在规划时,要充分调查现有网络设施、用户需求和未来发展趋势,以便为图书馆提供高质量的无线网络环境。

③无线接入设备的选型与部署

无线接入设备包括无线路由器、无线接入点等。选择设备时需要考虑设备的性能、可靠性、安全性等因素。部署无线接入设备时,要遵循信号覆盖范围、信号强度、信道分配等原则,确保无线网络的稳定性和连通性。

④无线网络的优化

无线网络优化主要包括信号覆盖优化、信道分配优化、负载均衡优化等。对无线网络的监测、分析和调整,可提高网络的性能和稳定性,满足用户的上网需求。

⑤无线网络的管理与维护

无线网络管理与维护包括网络性能监测与优化、故障排查与修复、网络安全防护等。需要建立完善的网络管理机制和维护体系,确保无线网络稳定、高效地运行。

(3)云计算基础设施

①云计算基础设施的概念与意义

云计算基础设施是指构成云计算平台,实现计算、存储、网络等资源的集中管理和按需分配的关键基础设施。云计算基础设施为高校智慧图书馆提供了多样化的可扩展资源平台,以支持各项服务的开展。

②云计算基础设施的设计与建设

云计算平台选型需要考虑平台的性能、可靠性、安全性、兼容性等因素。目前主流的云计算平台包括 VMware、OpenStack、Microsoft Azure 等。

超融合技术是云计算基础设施的关键虚拟化技术,主要包括计算虚拟化、存储虚拟化和网络虚拟化的融合。计算虚拟化将物理服务器划分为多个独立的虚拟服务器,提高资源利用率;存储虚拟化是将分散的存储资源汇集成一个逻辑存储池,实现存储资源的集中管理和按需分配;网络虚拟化在物理网络基础上创建虚拟网络,实现网络资源的灵活配置和管理。

③云计算基础设施的资源调度与管理

云计算基础设施的资源调度与管理包括资源的分配、监控、优化等。根据图书馆的业务需求,实现计算、存储、网络等资源的按需分配和弹性伸缩,以提高资源利用效率。

(4)云计算安全与维护

①云计算安全

云计算安全包括数据安全、访问控制、网络安全等方面。需要采取相应的加密、备份、访问控制策略来确保图书馆的数据和业务安全。

②云计算维护

云计算维护包括系统监控、故障排查与修复、性能优化等方面。需要建立完善的维护体系来确保云计算基础设施稳定、高效运行。

高校智慧图书馆的网络基础设施建设是实现各项功能的关键。无线网络覆盖和云计算基础设施的建设,可以为用户提供便捷、灵活的上网环境和弹性、可扩展的资源平台。在建设过程中,需要充分考虑网络规划、设备选型、网络优化、安全防护等方面的因素。同时,还需要建立完善的网络管理和维护体系,持续优化和改进网络环境,以满足高校智慧图书馆的发展需求。

3.2.2　数据中心与存储系统

(1)高性能计算资源

①高性能计算资源的概念与意义

高性能计算资源是指安装在数据中心内的计算设备和系统,具有强大的计算能力、存储能力和通信能力。这些资源为高校智慧图书馆提供了可靠、高效的计算支持,促进了图书馆各项业务的发展。

②高性能计算资源的设计与建设

A. 硬件选型

硬件选型需要考虑服务器、存储设备、网络设备等方面。服务器可选择高性能处理器,以满足图书馆的计算需求。存储设备可以选择适合的磁盘阵列、分布式存储系统等,根据数据量、访问速度、可扩展性等因素进行选型。而对于网络设备,需要包括交换机、路由器、防火墙等,以确保数据中心内部的高速通信正常运行。

B. 软件选型

软件选型需要考虑操作系统、数据库、中间件等方面。操作系统可以选择Linux、Windows 等;数据库可以选择关系型数据库如 MySQL、Oracle 等,也可以选择非关系型数据库如 MongoDB、Cassandra 等;中间件可以选择 Apache、NGINX 等。

C. 虚拟化与云计算技术

引入虚拟化与云计算技术,可以实现对计算资源、存储资源、网络资源等的统一管理和按需分配,从而提高资源利用率。

③系统优化与管理

系统优化与管理包括系统性能优化、负载均衡、故障排查与修复等方面。需要建立一个完善的维护体系,以确保高性能计算资源的稳定、高效运行。

(2) 数据备份与恢复系统

①数据备份与恢复系统的概念与意义

数据备份与恢复系统是指定期对数据中心内的数据进行备份,并在数据丢失、损坏时能快速恢复的一套系统。数据备份与恢复系统为高校智慧图书馆提供了数据安全保障,确保数据的完整性和可用性。

②数据备份的设计与建设

数据备份策略包括全量备份、增量备份、差异备份等。全量备份是指备份所有数据,增量备份是指备份自上次备份后发生变化的数据,差异备份是指备份自上次全量备份后发生变化的数据。备份策略需要根据数据的重要性、变化频率等因素来制定。

数据备份的介质包括磁带、光盘、硬盘等。需要根据数据量、备份速度、成本等因素选择合适的备份介质。备份技术包括物理备份、逻辑备份、快照备份等。物理备份是指对数据文件、日志文件等进行直接复制,逻辑备份是指通过数据库导出工具对数据进行导出,快照备份是指通过存储设备的快照功能进行数据备份。

③离线备份与在线备份

离线备份是指在系统停机状态下进行数据备份,以避免系统运行导致的数据不一致问题;在线备份是指在系统运行状态下进行数据备份,不影响业务的正常运行。需要根据系统的实际情况来确定最合适的备份方式。

④ 数据恢复

数据恢复是指在数据丢失或损坏时通过备份数据进行恢复。数据恢复的过程包括选择备份数据、制定恢复策略、执行恢复操作等。需要根据数据的关键性、恢复时间的紧迫性要求等因素制定合理的数据恢复策略。

（3）数据安全与保密

① 数据安全与保密的概念与意义

数据安全与保密是指采取一系列措施,确保数据中心内的数据不受未经授权的访问、篡改、泄露等威胁。这些措施能够为高校智慧图书馆提供数据安全保障,有效保护用户隐私和知识产权。

② 数据加密与访问控制

数据加密是指通过加密算法对数据进行加密处理,将数据转化为密文,以防止未经授权的用户获取明文数据。数据加密可以采用对称加密、非对称加密、混合加密等方式,以确保数据的安全传输和存储。

访问控制是指通过用户身份认证、权限分配等手段,限制用户对数据的访问。访问控制可以采用基于角色的访问控制、基于属性的访问控制等方式,以确保数据的安全访问。

（4）安全审计与监控

① 安全审计

安全审计是指对数据中心内的操作行为进行记录、分析、审查的过程。安全审计可以通过审计日志、审计报告等方式,发现对用户行为的追踪和异常行为。

② 安全监控

安全监控是指对数据中心内的网络流量、系统状态等进行实时监测,以便发现安全威胁并采取相应措施。安全监控可以通过入侵检测系统(IDS)、防火墙、安全信息事件管理(SIEM)等工具,提高数据中心的安全防护能力。

（5）应急响应与安全培训

①应急响应

应急响应是指在发生安全事件时，采取快速、有效的处置措施，以减小安全事件的影响。需要制订应急响应计划，明确应急响应的组织结构、流程、职责等，并进行定期演练。

②安全培训

安全培训是指通过培训课程、安全宣传等手段，提升用户和管理人员的安全意识和技能。需要制订安全培训规划，包括培训内容、受训对象、培训方式等，并进行定期实施。

高校智慧图书馆的数据中心与存储系统建设是实现智慧图书馆各项功能的关键支持。通过高性能计算资源、数据备份与恢复系统、数据安全与保密等，为图书馆提供可靠高效的计算和存储服务。在建设过程中，需要充分考虑硬件选型、软件选型、系统优化和安全防护等方面的因素，以确保数据中心与存储系统的稳定、高效运行。同时，还需要建立完善的系统管理和维护体系，持续优化和改进数据中心与存储系统，以满足高校智慧图书馆的发展需求。

3.2.3　人工智能与物联网设备

（1）智能导航与信息查询系统

智能导航与信息查询系统是指通过人工智能技术和物联网设备，为用户提供实时准确的图书馆导航和信息查询服务。智能导航与信息查询系统可以提高用户在图书馆内的查询效率，方便用户快速找到所需的图书和资料。

①室内定位与导航技术

室内定位与导航技术可以通过 Wi-Fi、蓝牙、红外等技术来实现。在选择室内定位与导航技术以及部署相应的硬件设备时，需要根据图书馆的实际情况进行评估和决策。

②信息查询平台

信息查询平台可以通过 Web、移动应用等形式来实现。易用、功能丰富的信息查询平台可以实现图书检索、馆内导航、活动查询等功能。

③语音识别与自然语言处理技术

引入语音识别与自然语言处理技术，可以实现语音查询、智能问答等功能。需要根据图书馆的实际需求来选择合适的技术和算法，以实现用户与系统的自然交互。

④优化与管理

智能导航与信息查询系统的优化与管理包括数据更新、系统维护、用户反馈处理等方面。需要建立完善的维护体系，确保智能导航与信息查询系统的稳定、高效运行。

（2）自动化书籍管理系统

自动化书籍管理系统是指通过人工智能技术和物联网设备，实现图书馆书籍的自动化采购、入库、借还、盘点等管理。自动化书籍管理系统可以显著提高图书馆的工作效率，减轻工作人员的工作负担。

①RFID 技术与设备

RFID 技术是自动化书籍管理系统的核心技术。为图书馆的每本书籍贴上 RFID 标签，并部署 RFID 阅读器、天线等设备，可以实现对书籍的自动化识别和追踪。

②自动化书籍采购与入库系统

自动化书籍采购与入库系统可以通过与出版社、书商等合作伙伴的接口对接，实现图书的自动化采购、编目、入库等流程。搭建一个易用、高效的采购与入库系统，可以提高图书馆的采购效率。

③自助借还书设备与系统

自助借还书设备与系统可以通过 RFID 技术、人脸识别、指纹识别等身份认证技术，实现用户的自助借还书操作。部署自助借还书设备，并搭建相应的系统，可方便用户快速办理借还书手续。

④自动化盘点设备与系统

自动化盘点设备与系统可以通过 RFID 技术实现图书的实时盘点和定位。

部署移动式盘点设备和固定式盘点设备,并搭建相应的系统,可以提高图书馆的盘点效率。

⑤优化与管理

自动化书籍管理系统的优化与管理包括设备维护、系统升级、数据分析等。建立完善的维护体系,可以确保自动化书籍管理系统的稳定、高效运行。

(3)智能环境监测与控制系统

智能环境监测与控制系统是指通过人工智能技术和物联网设备,实时监测图书馆内的环境参数(如温度、湿度、光照等),并通过自动化控制手段优化环境条件。智能环境监测与控制系统可以提高图书馆的舒适度,同时也能保护馆内资料的安全。

①环境监测设备

环境监测设备包括温度传感器、湿度传感器、光照传感器等。在图书馆内部署相应的环境监测设备,并搭建实时监测系统,可以实现对图书馆环境参数的实时监测。

②环境控制设备

环境控制设备包括空调、加湿器、照明等设备。环境控制设备与环境监测设备对接,并通过智能控制算法,实现对环境参数的自动调节,可以提高图书馆的舒适度。

③数据分析与优化

对环境监测数据的分析与优化,可以为图书馆的运营管理提供有价值的参考信息。需要搭建数据分析平台,实现环境监测数据的存储、分析与可视化,以支持环境控制策略的优化。

④优化与管理

智能环境监测与控制系统的优化与管理包括设备维护、系统升级、策略调整等方面。需要建立一个完善的维护体系,以确保智能环境监测与控制系统的稳定、高效运行。

高校智慧图书馆基础设施建设中,人工智能与物联网设备的应用对于提升图书馆服务能力和使用体验具有重要意义。建设智能导航与信息查询系统、自动化书籍管理系统、智能环境监测与控制系统,有助于实现图书馆的智能化、自动化管理。在建设过程中,需要充分考虑系统设计、设备选型、技术选型等,以确保系统的可靠性、易用性和扩展性,同时,需要建立一个完善的运维体系,持续优化和改进人工智能与物联网设备的应用,以满足高校智慧图书馆的发展需求。

3.3 高校智慧图书馆建设的技术手段

3.3.1 数字资源建设与整合

(1)电子书籍资源

①采购与订阅

高校图书馆应根据师生的需求,采购各类电子书籍资源,如教材、专著等。

②预算与政策

高校图书馆需要充足的预算支持来采购电子书籍资源。为此,应该制定合理的预算分配策略,以优化电子书籍资源的购买渠道。

③电子书籍阅读平台

高校图书馆应搭建操作方便、功能丰富的电子书籍阅读平台,为用户提供便捷的在线阅读、下载等多种服务。

(2)数据库资源

①采购与订阅

高校图书馆应根据学科领域和研究方向,采购和订阅各类数据库资源,如文献数据库、数据统计数据库、专利数据库等。可以与数据库提供商签订协议,以确保数据库资源的持续更新。

②预算与政策

数据库资源的采购和订阅需要充足的预算支持。高校图书馆应制定合理的预算分配策略,优化数据库资源的购买和订阅渠道。

③数据库检索平台

高校图书馆应搭建操作方便、功能丰富的数据库检索平台,为用户提供便捷的在线检索、下载、引用等服务。

(3)学术期刊资源

①采购与订阅

高校图书馆应根据学科领域和研究方向,采购和订阅各类学术期刊资源。可以与期刊出版社、数据库提供商等合作伙伴签订协议,以确保学术期刊资源的持续更新。

②预算与政策

学术期刊资源的采购和订阅需要充足的预算支持。高校图书馆应制定合理的预算分配策略,优化学术期刊资源的购买和订阅渠道。

③学术期刊检索平台

高校图书馆应搭建一个易于使用、功能丰富的学术期刊检索平台,为用户提供便捷的在线检索、下载、引用等服务。

(4)学术论文资源

①收集与整合

高校图书馆应积极收集与整合学术论文资源,包括教师和学生的学位论文、科研报告、学术论文等。可以与高校内部各部门合作,建立学术论文资源的共享机制。

②学术论文存储平台

高校图书馆应搭建一个安全稳定的学术论文存储平台,为用户提供在线浏览、下载和提交等服务。

③学术论文检索与推荐

高校图书馆应开发学术论文检索与推荐系统,为用户提供个性化的检索与推荐服务。可以利用人工智能技术实现精准检索与推荐。

（5）多媒体资源

① 收集与整合

高校图书馆应积极收集与整合多媒体资源，包括音频、视频、图片等。可以与教育部门、研究机构、企业等合作，建立多媒体资源的共享机制。

②多媒体资源存储平台

高校图书馆应搭建一个安全、稳定的多媒体资源存储平台，为用户提供在线浏览、下载、上传等服务。

③多媒体资源检索与推荐

高校图书馆应开发多媒体资源检索与推荐系统，为用户提供个性化的检索与推荐服务。可以利用人工智能技术，实现精准检索与推荐。

（6）在线课程资源

①收集与整合

高校图书馆应积极收集与整合在线课程资源，包括 MOOC、SPOC 等。可以与国内外教育机构等合作，建立在线课程资源的共享机制。

②在线课程资源平台

高校图书馆应搭建一个易于使用、功能丰富的在线课程资源平台，为用户提供在线学习、互动讨论、考核评价等服务。

③在线课程资源检索与推荐

高校图书馆应开发在线课程资源检索与推荐系统，为用户提供个性化的检索与推荐服务。可以利用人工智能技术，实现精准检索与推荐。

高校智慧图书馆建设中，数字资源建设与整合是实现信息服务功能的关键手段。本部分从电子书籍资源、数据库资源、学术期刊资源、学术论文资源、多媒体资源、在线课程资源等多个方面进行了详细介绍。在数字资源建设与整合过程中，高校图书馆需要与多方合作伙伴进行深入合作，优化资源采购与订阅策略，持续完善数字资源平台的功能与服务。同时，要充分利用人工智能技术，提高资源检索与推荐的准确性与效率，为用户提供更加丰富、便捷的数字资源服务。

3.3.2 智慧化服务与用户体验

（1）个性化信息推荐

①用户画像构建

数据收集：收集用户的基本信息（如年龄、性别、专业等）、行为数据（如检索历史、借阅记录、点击行为等）和偏好数据（如关注领域、收藏资源等）。

数据分析：利用数据挖掘和机器学习技术，对用户数据进行深入分析，提取用户的兴趣模式和行为特征。

画像构建：综合分析用户的基本信息、行为数据和偏好数据，构建用户画像，为个性化推荐提供依据。

②个性化推荐算法

基于内容的推荐：根据用户画像中的兴趣模式和行为特征，分析资源内容，为用户推荐与其兴趣相关的资源。

基于协同过滤的推荐：利用其他相似用户的行为数据，为目标用户推荐可能感兴趣的资源。

混合推荐：结合基于内容的推荐和基于协同过滤的推荐，以提高推荐的准确性和多样性。

③个性化推荐平台

平台搭建：搭建一个易于使用且功能丰富的个性化推荐平台，为用户提供便捷的在线推荐服务。

平台优化：持续优化推荐算法，提高推荐效果；定期收集用户反馈，优化推荐平台的功能和服务。

（2）虚拟参考咨询服务

①问答知识库构建

问答内容收集：收集用户在图书馆使用过程中的常见问题和需求，整理成结构化的问答知识库。

问答内容更新：定期更新问答知识库，添加新的问题和答案，以确保知识库的时效性和准确性。

②智能问答系统

自然语言处理:利用自然语言处理技术,实现对用户问题的语义理解和分析。

检索与匹配:根据用户问题的语义特征,检索问答知识库,找到与问题最匹配的答案。

回答生成:利用自然语言生成技术,将检索到的答案转换为通俗易懂的回答,为用户提供咨询服务。

③虚拟参考咨询平台

平台搭建:搭建一个易于使用、功能丰富的虚拟参考咨询平台,为用户提供便捷的在线咨询服务。

平台优化:定期收集用户反馈,优化智能问答系统的性能和功能;持续扩充问答知识库,提高咨询服务的质量。

(3)知识管理与协同创新

①知识管理体系构建

知识采集:采集高校内部的学术研究成果、教学资源、专利信息等知识资源,建立知识库。

知识组织:对知识资源进行分类、标签化处理,建立知识体系,方便用户检索和利用。

知识共享:搭建知识共享平台,为用户提供在线浏览、下载、上传等服务,实现知识资源的有效共享。

②协同创新环境构建

创新空间:提供创新实验室、研究室等空间,为用户提供实践创新的场所。

项目合作:推动校内外合作,为用户提供项目合作机会,实现跨学科、跨领域的协同创新。

技术支持:提供技术培训、技术咨询等服务,为用户提供创新所需的技术支持。

③创新成果展示与推广

成果展示:搭建成果展示平台,展示高校智慧图书馆内部的创新成果,提升高校的影响力。

成果推广:利用社交媒体、学术会议等渠道,推广创新成果,拓展高校智慧图书馆的影响范围。

高校智慧图书馆建设的技术手段中,智慧化服务与用户体验是至关重要的。本部分从个性化信息推荐、虚拟参考咨询服务、知识管理与协同创新三个方面进行了详细介绍。在实现智慧化服务与用户体验的过程中,高校图书馆需要充分利用现代信息技术,实现对用户需求的精准把握和满足。同时,要关注用户体验的优化和提升,不断完善服务功能和内容。在个性化信息推荐方面,高校图书馆需要构建用户画像、开发推荐算法并搭建推荐平台。通过这些技术手段,为用户提供个性化的信息推荐服务。虚拟参考咨询服务则需要构建问答知识库、开发智能问答系统并搭建虚拟参考咨询平台。这些措施将有助于为用户提供实时、准确的咨询服务,提高用户满意度。在知识管理与协同创新方面,高校图书馆要构建知识管理体系,为用户提供丰富的知识资源。同时,要创建协同创新环境,鼓励用户进行跨学科、跨领域的合作,推动创新成果的形成与推广。总之,高校智慧图书馆在建设过程中,应注重运用现代信息技术手段,提供智慧化服务,优化用户体验。通过这些措施,实现高校图书馆的智慧化、现代化,更好地为高校教学、科研和创新提供支持。

3.3.3　数据分析与挖掘

(1)读者行为分析

①数据收集与处理

数据来源:收集用户的检索历史、借阅记录、点击行为等数据,作为分析的基础。

数据预处理:对收集到的数据进行清洗、去重、格式转换等预处理操作,以提高数据质量。

②读者行为模式挖掘

聚类分析:对用户行为数据进行聚类分析,将用户划分为不同的群体,以发现各群体的行为特征。

关联分析:通过分析用户行为之间的关联性,发现用户的兴趣偏好和行为规律。

序列分析:通过分析用户行为的发展趋势,发现用户行为的演变规律。

③读者行为分析应用

个性化推荐:根据读者行为分析结果,为用户提供个性化的信息推荐服务。

用户画像优化:利用读者行为分析结果,优化用户画像,提高画像的准确性和有效性。

(2)资源利用率优化

①资源使用状况分析

数据收集:收集图书馆资源的使用数据,如借阅次数、在线访问次数等。

数据分析:分析资源使用数据,发现资源的使用状况和利用率。

②资源优化策略制定

资源配置:根据资源使用状况分析结果,合理配置资源,提高资源利用率。

资源更新:定期更新图书馆资源,确保资源的时效性和质量。

资源推广:通过线上线下活动等方式,推广图书馆资源,提高资源利用率。

(3)预测分析与智能决策支持

①预测分析

时间序列分析:对图书馆资源使用情况、用户行为等数据进行时间序列分析,以预测未来的趋势。

回归分析:应用回归分析方法,可以预测图书馆的资源需求以及用户行为变化等。

②智能决策支持

决策模型:根据预测分析的结果,建立智能决策模型,为图书馆管理提供决策支持。

决策可视化:将预测分析结果和决策模型结果以可视化形式展示,帮助管理者更直观地理解数据并做出决策。

决策优化:通过不断迭代优化决策模型,提高决策的准确性和有效性。

高校智慧图书馆建设的技术手段中,数据分析与挖掘具有重要价值。本部分从读者行为分析、资源利用率优化、预测分析与智能决策三个方面进行了详细介绍。在实际应用中,高校图书馆需要充分利用现有数据资源,采用数据挖掘技术,为用户提供更优质的服务,同时提高图书馆管理水平和资源利用率。

通过读者行为分析,图书馆可以更好地了解用户需求,实现个性化推荐和用户画像优化。资源利用率优化有助于图书馆合理配置资源,提高资源利用效率。预测分析与智能决策支持可以为图书馆的发展规划和管理决策提供科学依据。

在未来,随着大数据、人工智能等技术的不断发展和应用,数据分析与挖掘在高校智慧图书馆建设中的作用将愈发重要。它将为高校图书馆的现代化与智慧化发展提供更强大的支持。

3.4　高校智慧图书馆的管理与运维

随着高校智慧图书馆建设的深入推进,管理与运维工作逐渐成为提高图书馆服务质量和保障系统稳定运行的关键环节。本部分将从信息安全与隐私保护、系统升级与维护、培训与人才培养三个方面进行阐述。

3.4.1　信息安全与隐私保护

信息安全与隐私保护是高校智慧图书馆管理与运维的重要组成部分,涉及用户信息、图书馆资源和系统运行的安全性。

(1)安全策略制定

①制定全面的信息安全管理制度,明确信息安全责任和职责。

②建立并完善信息安全预警与应急响应机制,确保安全事件得到及时处置。

(2)技术措施

①强化网络安全防护:部署防火墙、入侵检测系统和安全加固系统,确保网

络环境的安全性。

②加密与访问控制：对敏感数据进行加密处理，设置访问权限，防止未经授权的访问和泄露。

③定期安全检测与漏洞修复：对图书馆系统进行定期的安全检测，及时发现并修复存在的安全漏洞。

（3）用户隐私保护

①制定并公示隐私政策，明确规定用户信息的收集、使用和存储方式。

②增强用户隐私保护意识，加强对图书馆员工和用户的隐私保护培训。

3.4.2　系统升级与维护

系统升级与维护是保障高校智慧图书馆正常运行的关键环节，涉及软硬件设备维护、网络基础设施维护和应用系统升级与维护。

（1）软硬件设备维护

①定期检查硬件设备的运行状况，及时发现并处理故障。

②对软件进行定期更新，修复漏洞，提高系统性能和稳定性。

（2）网络基础设施维护

①监控网络运行状况，确保网络畅通无阻。

②定期对网络设备进行检查与维护，预防网络故障和攻击。

（3）应用系统升级与维护

①根据用户需求和技术发展趋势，对应用系统进行功能优化和升级。

②定期对应用系统进行性能测试和压力测试，以确保系统能够稳定高效运行。

3.4.3　培训与人才培养

高校智慧图书馆的发展离不开专业人才的支持。培训与人才培养是提高图书馆员工综合素质和服务能力的重要手段。

（1）培训内容

①信息技术培训：提升图书馆员工在网络技术、数据库管理、数据挖掘等方面的技能。

②业务知识培训：加强图书馆业务知识和专业素养方面的培训，以提高服务质量。

③管理与运维培训：培养图书馆员工在信息安全、系统维护等方面的能力。

（2）培训方式

①线上培训：利用网络平台，提供在线课程、讲座等形式的培训。

②线下培训：组织图书馆员工参加专业培训班、研讨会等线下活动，以提升专业技能。

③交流与合作：积极参加国内外学术交流与合作，引进先进理念和技术，提升图书馆整体水平。

（3）人才培养机制

①制订人才培养计划，明确培训目标和要求。

②建立激励机制，鼓励图书馆员工积极参加培训和学术交流，提升个人能力。

③定期对员工进行考核，评估培训效果，优化培训内容和方法。

高校智慧图书馆的管理与运维工作涉及信息安全与隐私保护、系统升级与维护以及培训与人才培养等多个方面。有效地进行管理与运维不仅能够确保图书馆系统的稳定运行，还能提高图书馆的服务质量，满足用户多样化的需求。在实际工作中，高校图书馆需要根据自身实际情况制定合理的管理与运维策略，加强人才培养，提高图书馆员工的综合素质和服务能力。

在信息安全与隐私保护方面，高校智慧图书馆应制定严格的安全策略，采取有效的技术措施，确保用户信息、图书馆资源和系统运行的安全性。同时，还应加强对图书馆员工和用户的隐私保护培训，增强其隐私保护意识。

在系统升级与维护方面，图书馆需要定期对软硬件设备、网络基础设施和应用系统进行检查、更新和优化。这有助于确保图书馆系统的稳定高效运行，以满足用户不断变化的需求。

在培训与人才培养方面,高校智慧图书馆应制订人才培养计划,明确培训目标和要求。通过线上线下培训、交流与合作等多种方式,提高图书馆员工的业务知识和专业技能。同时,建立激励机制,鼓励员工积极参加培训和学术交流,提高自身能力。

总之,高校智慧图书馆的管理与运维工作是实现智慧图书馆功能的关键支撑。只有做好管理与运维,才能充分发挥智慧图书馆的优势,为用户提供优质高效的服务。在未来的发展过程中,高校图书馆应不断探索创新,将新技术、新理念融入管理与运维工作,推动高校智慧图书馆建设迈上新的台阶。

第4章 高校智慧图书馆
建设策略与路径探索

4.1 高校数字图书馆智慧化

4.1.1 高校数字图书馆特点及建设方式

高校数字图书馆是为满足用户智能化和个性化需求而建设的一种新型机构和平台,用于知识传播。为了提升图书馆的服务功能并加强知识提供的保障能力,在"十四五"规划时期要进一步提高图书馆的服务水平并发挥公众知识服务的引领作用,实现对数字资源的科学有效管理,并不断提高对读者智能化和个性化需求的服务能力。只有这样,高校数字图书馆才能适应时代变化的发展和需求,在与用户良性互动的过程中创新和发展。目前,智慧化服务在网络环境中的应用范围不断拓展和深化,例如在搜索引擎、人工智能、大数据应用和区块链等方面的应用已经日益成熟。因此,实现智慧化服务是高校数字图书馆的必然需求,也是关键所在。

高校数字图书馆是信息化时代知识服务主要节点。国内外许多高校投入大量的人力、物力支持高校数字图书馆方面的研究及应用,取得了一系列有价值的成果。在全球范围内,数字化图书馆节点变得越来越多,带来了越来越广泛的知识传播和文化交流。此外,业内多家商业公司也积极参与高校数字图书馆的建设,将数字资源的范围从书刊、报纸逐步推广到所有可数字化的信息资源。他们会对这些资源进行预处理,并通过数据分析和挖掘算法进行知识发现,形成知识转化应用。最终,将个性化知识服务成果提供给用户,以提升用户满意度。

　　经过不断发展,高校数字图书馆模式已经从最初"大规模数字化"逐渐向"强调智能,突出服务特色"方向转变。近年来,大数据作为国家战略得到迅猛发展,为图书馆智慧化服务提供了技术支持,并取得了显著的成效。与此同时,现代化高校数字图书馆紧密围绕以人为本的知识服务目标,利用信息化技术手段,实现了资源整合、单点登录、关键词检索、智能检索和模糊查询检索等功能,为用户提供多种便捷使用数字资源途径,将现代信息技术和历史文化内容进行紧密结合,形成符合时代特征的现代图书馆服务模式。

　　当前,高校数字图书馆建设水平的高低成为评价地区图书馆信息化水平的重要指标之一。因此,高校数字图书馆与信息技术、互联网的紧密结合是时代的必然要求和发展需要。全国各地有条件的地区大力发展数字化图书馆建设,不断扩大馆藏数字资源的数量,加快构建数字化图书馆的新发展格局。但同时我们应清楚地看到,高校数字图书馆在发展过程中面临以下多方面的问题。

　　一是未能严格按照高校数字图书馆规范进行建设。虽然国家于 2004 年发布了《我国数字图书馆标准规范建设与应用的实施指南》①,由于该标准未及时更新,因此对各地数字化图书馆的指导意义较弱。多地在建设过程中标准不统一,导致数据存储格式各异、数据结构异化以及数据质量参差不齐,甚至数据安全等级也不一致。这些问题的存在直接导致了数据资源冗余度高,数据检索结果差异很大,致使数据难以统一管理和高效利用。同时,对用户行为进行挖掘分析的准确性也无法保证。

　　二是高校数字图书馆顶层设计缺乏统一规划。数字资源建设是系统性工程,规模大,布局广,因此建设厂商比较分散。由于缺乏统一的建设标准和严格要求,全国各地在数字图书馆建设上缺乏统一的建设规划和布局,各地标准不一,形式各异,虽然均可独立运行,但资源整合方面存在一定问题。另外,在利

---

　　① 该指南是 2004 年 5 月 30 日由数字图书馆标准规范发展战略子项目组发布的。这些报告是科技部科技基础条件平台重大项目《数字图书馆标准与规范建设》的研究成果。项目由中国科学院文献情报中心、中国科技信息研究所、国家图书馆、中国农科院科技文献中心、清华大学图书馆、中央党校图书馆、中国科学院文献情报中心联合完成。该指南主要介绍了建立数字图书馆标准规范的背景、目的和效力,从内容创建、元数据、信息服务、组织管理和长期保存等方面给出了具体实施办法。

用大数据进行用户行为分析时,数据的规范化程度和利用率有待提高。

为适应时代发展需要,满足用户日益增长的个性化、智慧化需求,高校数字图书馆需要从注重网络化、数字化向个性化、智慧化过渡,特别是要能提供随时随地的服务,利用各类信息化终端通过网络进行信息推送。因此,未来的高校智慧图书馆应以移动化和数字化为主要发展方向。最佳途径是通过手机访问图书馆移动服务门户,这主要是根据我国使用手机的人群数量和比例均位于世界首位的情况而提出的——人们将手机作为最常用的沟通、学习和工作工具,平均每人每天在线时间超过 5 小时。此外,快节奏的现代生活使用户只能利用碎片化时间进行简约式阅读,如果将图书馆服务资源迁移至手机终端,用户就可以借助手机通过网络快捷获取图书馆服务和资源,这样的方式必然受到用户青睐。建设手机端阅读平台可以使图书馆突破空间和时间的局限,用户只需登录图书馆门户即可获取资源下载、在线阅读、图书馆专题培训、新闻公告等各类信息。通过云计算构建移动数据,利用主题服务划分和管理相应的资源,进行数据的运行和维护。对用户通过终端访问进行授权控制,以确保数据安全。

经过实践发现,高校数字图书馆在发展过程中存在着一些非技术类的问题。首先,出于商业因素考虑,数据资源提供商对自己拥有的数据资源常常并不开源共享。图书馆如想为用户提供更为丰富的数据资源,必然需要付出经济代价。对于大多数国内图书馆来说,受经费制约,不得不进行有选择的资源选择,而不同的资源选择产生不同的受众,可能导致图书馆丢失一部分用户资源。参与高校数字图书馆建设的厂商为了保护自己平台资源和商业利益,常常对技术和信息资源进行封闭,为图书馆智慧化服务的普及和推广带来障碍。其次,高校数字图书馆有时会受地域限制,管理本身也存在一定的封闭性,目前在为用户提供的个性化智慧服务方面,主要聚焦在基本的服务内容上,与充分满足用户个性化需求的目标存在很大差距。同时,高校数字图书馆对于社会环境的感知能力较差,不能及时随着社会变化动态调整服务内容,对于用户需求变化不够敏感。需要在前期建设的基础上,侧重于系统跟踪用户行为,学习、记忆用户兴趣,构建基于用户兴趣的智能化高校智慧图书馆服务体系。再次,由于集成化的信息服务成熟度不高,虽然关于数字资源管理的相关规范和标准不断建立及完善,数字资源目录体系也形成一定规模,但始终没有真正以用户为中心。建立以用户的行为习惯、兴趣爱好为指导思想的数字化图书馆至关重要,而智慧化服务方式的重要前提是要强化对用户需求的收集、对用户相关基础数据的智能高效分析、对用户潜在要求的准确把握,这一目标的实现必须依赖强大的信息收集、分析、处理、应用系统功能,对具体用户的信息服务的反馈进行统计和分析,以图书馆数字资源做索引,结合用户的访问行为和调查问卷调查,建立用户网络行为信息数据库。此数据库可作为以情境感知为技术支撑的智慧化信息服务基层数据建模。根据用户反馈对数据库进一步完善,进而构建智慧化服务环境。

4.1.2 高校数字图书馆智慧化建设可行性分析

充分利用云服务平台为资源服务提供支撑,发挥云服务器多节点优势及特点。搭建便捷的高校数字图书馆云服务平台,将资源上传云服务器并进行维护,构建开放、协同、共享、交流、安全的图书馆智慧化服务体系。构建高校智慧图书馆专享云服务平台,利用自然语言分析、用户情感搜索研究等先进技术手段,为高校数字图书馆的智慧化服务提供有力支撑,进一步拓展智慧化服务的广度。研究基于图书馆用户群体划分及读书偏好的知识挖掘和个性化服务体系建设,建立知识发现服务,通过语义标注对知识库进行语义标注创建知识地图,利用数字建模创新知识服务方式。此外,通过语义分析用户提问和用户其他数据资料,以人工智能模式为用户提供解答。对于已满足的用户需求进行归集,形成知识库知识;对于未能满足的用户需求,提交人工处理,寻求最佳解决方案。

本书主要研究信息化时代高校智慧图书馆智慧化服务。高校数字图书馆作为一种公共图书服务提供者,在信息化时代借助互联网将分散在各个图书馆的数字资源进行优化整合,并通过知识发现技术按照主题形成树型目录展示给用户。用户可以根据自己的兴趣和偏好快速筛选所需信息。与此同时,加强高校数字图书馆人员队伍建设,提升其专业知识和信息技术综合能力,深入研究数字资源管理,以提升知识服务管理能力。智慧化服务包括链接建立、检索和更新、需求获取、知识体系形成等组成部分,这些部分的有机整合形成了当前主流的智慧化服务体系。在现代社会条件下,社会分工愈加细化,信息需求的细化程度也越来越高。图书馆智慧化服务允许用户通过智能数字系统在平台上建立个人喜好信息库,并随时添加书签、标注和阅读相关内容。图书馆通过信息化平台提供一体化的信息服务。

图书馆开展智慧化服务具有软硬件资源和服务理念等方面的可行性。一是软硬件资源保障。从技术支撑来看,当代互联网技术日益成熟,信息技术的不断进步为图书馆智慧化服务提供了可靠的技术支持。在资源方面,数字图书馆使得资源利用突破了时空局限,用户可以随时随地获取信息,并且各类资源可以通过网络进行传输共享,为用户个性化信息服务提供了丰富的资源保障。二是服务理念的保障。随着自我意识的普遍提高,用户对图书馆的要求也不限于传统服务,而更希望获得定制化服务。在网络信息化时代,数字图书馆对服务理念有了全新的阐释:以满足用户需求作为图书馆提供服务的目标和宗旨,通过现代化信息技术满足用户日益增长的个性化、智能化、多样化信息需求。

图书馆开展智慧化服务包括以下几个方面的内容。

一是在制度建设方面,建立健全包括图书馆信息资源共享、安全、建设及应用等方面的制度规定和文献资源数据库。完善的制度规定是图书馆开展智慧化服务的保障,而丰富的文献资源数据库则是提供智慧化服务的基础。未来的发展目标是逐步建成覆盖全国范围的高校智慧图书馆云服务网络,在这个网络上构建国家高校数字图书馆联合目录数据库。实现资源广泛共享和高效利用。

二是在用户管理方面,构建统一的用户信息管理系统。构建用户单点登录认证体系,将各类资源整合到登录系统中。在收集用户信息时,注意采集用户年龄、性别、职业、阅读时长、关注类别等信息,以便进一步分析用户习惯,并为智慧化服务提供数据来源。

三是在资源优化整合方面,需要科学设置资源权重评价标准,并为不同资源赋予适当的权重。可以通过评价资源使用的价值,优化资源推荐的力度,提升用户的兴趣指数。同时,通过资源集成和知识挖掘,从海量信息资源中挖掘出最符合用户需求的知识精华。

四是构建良好的互动机制和平台。要在图书馆和用户之间建立功能完善、具有创新性的交流平台。首先,可以定期举办线下的交流活动,以更直观地了解用户需求,并验证系统算法对用户需求的判断与实际情况的偏离程度,从而更好地调整个性化智慧服务的针对性。其次,搭建图书馆与用户的在线交流平台,用户可以通过网络向图书馆咨询所需的信息资源,同时还可以在平台上交流心得体会。

从整体上来说,智慧化服务打破了传统的被动式服务提供模式,充分利用各种资源的优势,主动提供全方位的服务,以满足用户个性化智慧需求为目的,即由"有什么"向"要什么"转变。通过包括网络和现场等多个渠道进行资源收集,利用数据分析挖掘算法和工具对基础数据进行规范化整理和分类,有针对性地向用户推荐和提供相关信息,以满足用户的需求。

4.1.3 高校数字图书馆智慧化建设技术分析

数字图书馆的情境感知服务建设常用的四类技术包括传感技术、室内定位技术、RFID 技术和 NFC 技术。

(1)传感技术

传感技术应用于能够接收和感知被测实体信息的检测装置上,并按照一定的方式显示和处理测量信息。该技术是智慧图书馆开展基于情境感知的移动服务的重要依托。

在智慧图书馆中,传感技术主要被用于采集和感知外界信息,包括人、物品、环境等。在智慧图书馆的功能结构中,感知层的主要作用是赋予图书馆采集外界信息的感知能力。运用情境感知技术,利用传感器和 iBeacon 基站采集原始的情境信息,同时结合用户主动输入等方式,对原始情境信息进行处理,得出可以理解的高层情境信息,进而提供相关应用。情境感知技术还可以以 UWB 或 RFID 技术为关键技术,形成针对图书馆的单元情境感知系统。每个单元情境感知技术都有自己的发展过程,最终形成完整的图书馆情境感知系统。

(2)室内定位技术

室内定位技术有 UWB、iBeacon、超声波定位、红外线定位、蜂舞协议(Zig-Bee)和 Wi-Fi 等。

①UWB 是一种无线载波通信技术,它利用纳秒级的非正弦波窄脉冲传输数据,因此其所占的频谱范围很宽。其具有系统结构简单、发射信号功率谱密度低、多径分辨能力强、对信道衰落不敏感、安全性高、定位精确、工程简单和造价便宜等优点,尤其适用于室内等密集多径场所的高速无线接入。智慧图书馆通过基于 UWB 的高精度定位系统,可以为读者提供精确的定位导航服务。读

者可以快速、准确地找到所需的图书、资料或服务,提高阅读体验和效率。通过UWB技术,图书馆可以实时掌握读者的位置信息,防止儿童读者走失,并使读者快速获取座位信息。同时,UWB技术还可以实现人走灯灭、人走空调关等功能,达到节能环保的效果。通过UWB高精度定位系统,图书馆可以实时监测和统计馆内人员的位置信息,分析图书馆的热点区域和读者行为,为优化管理、改善读者阅读体验提供数据支持。此外,通过对用户的历史轨迹查询等,图书馆可以向用户提供个性化服务,例如基于用户的阅读习惯和兴趣推荐图书、资料等。UWB技术还可以用于图书馆的安全防护,如对馆内重要区域进行人员入侵监测等。总之,智慧图书馆的UWB应用可以帮助图书馆提高管理效率,提升读者阅读体验,实现节能环保,它还可以为图书馆提供数据统计和分析的支持,助力智慧图书馆的建设。

②iBeacon使用低功耗蓝牙技术(通常所说的Bluetooth 4.0),利用室内或室外部署一定数量的iBeacon基站来发射信号,确定并提醒用户是否加入信号覆盖区域。它具有低功耗、低成本和普及面广的优势。iBeacon技术通过基站与用户之间的信号强度和距离来计算位置,再利用传播算法测定用户节点的准确位置。这种技术实现了移动应用向情境化服务的转变,也使得线上服务能够延伸至线下实体场景。

③超声波室内定位技术是一种利用超声波信号来确定用户位置的技术。该技术通过计算信号传播的时间和强度,可以确定用户所在的位置。这种技术在室内定位方面具有较高的精度,但需要在室内布置一些超声波发射器和接收器,因此成本较高。在智慧图书馆中应用超声波室内定位技术可以为图书馆的定位导航、资源管理和读者服务等多个方面带来便利。比如通过使用超声波室内定位技术,图书馆可以为读者提供精确的定位导航服务。读者可以通过手机或智能设备接收到图书馆内资料、设施等的位置信息,从而能够快速地找到所需资源。通过实时监测图书馆内资料的位置和数量,图书馆馆员可以更加便捷地进行库存管理和补充工作。读者可以利用超声波室内定位技术在图书馆内搜索所需的资料,并能够实时获取到这些资料的具体位置信息。此外,图书馆还可以利用该技术为读者提供借阅、预约、咨询等一体化服务,为读者提供更加便捷、舒适和高效的阅读体验,提高读者的满意度。

④红外线是一种波长介于无线电波和可见光波之间的电磁波。在智慧图

书馆中,可以利用红外线来实现座位预约。座位预约系统通过红外线传感器和RFID读取器模块来确定座椅的状态。当读者预约查询位置时,系统会实时传输数据。读者通过终端设备来进行预约,其操作方式类似于影院选座,操作非常简单,也避免了占座现象的发生。

⑤蜂舞协议是一种用于低速、短距离传输的无线网络通信协议,其底层采用 IEEE 802.15.4 标准规范的媒体访问层与物理层。该协议具有低速率、低功耗、低成本、支持大量网上节点、低复杂度、支持多种网上拓扑的双向无线通信技术特点,被广泛应用于智慧图书馆的无线通信和物联网建设。在智慧图书馆中,蜂舞协议可以用于实现对图书馆各种设备和空间的感应连接。例如,通过使用蜂舞传感器,图书馆工作人员可以有效控制图书馆内部灯光、空调等设备,并可以将其应用于安防,从而有效减轻工作人员的服务压力,提高服务质量。同时,蜂舞协议还可以与物联网安全防护技术结合应用,实现数据的安全保护,防止数据因物联网智能管理系统遭到入侵而被破坏或篡改,并防止与读者相关的数据信息泄露给读者造成不便。此外,蜂舞协议还可以与 Wi-Fi 技术、蓝牙技术、NFC(近场通信)技术等结合应用,进一步拓展其在智慧图书馆中的应用范围。例如,通过结合使用蜂舞协议和 Wi-Fi 技术,智慧图书馆可以实现图书的自助借阅和归还,提高读者对图书馆服务的满意度。

⑥使用 Wi-Fi 技术,通过测量信号强度和分布特性来确定用户的位置。这种技术定位精度较高,但需要用户连接无线网络,且需要在室内布置一些 Wi-Fi 接入点和路由器。实现 Wi-Fi 信号覆盖是智慧图书馆建设的基本要求。

(3) RFID 技术和 NFC 技术

①RFID 技术通过射频信号自动识别特定目标对象,获取相关数据信息,是一种非接触式的自动识别技术。它通过无线电波通信,实现自动识别和数据传输。RFID 硬件主要由射频识别系统的数据载体标签、信号传递空间的天线和无源标签能量提供器(读写器)三个模块构成。当标签进入读写器的工作范围时,读写器会通过无线电波将特定的指令发送给标签,标签接收到指令后,会将自己的标识码和存储在芯片中的信息发送回读写器。读写器接收到这些信息后,通过解读、解码等处理方式,将信息传输到后台系统进行进一步处理。其工作流程主要分为主动式(有源 RFID 标签)和被动式(无源 RFID 标签)两种。

RFID 技术具有读写速度快、适应环境能力强、识别距离远、识别工作无须人工干预和操作简单便捷等特点。

基于 RFID 技术的智慧图书馆的定位应用为图书馆管理提供了全方位的支持和保障,从根本上提高了图书馆的管理效率和服务质量。

智能盘点:通过 RFID 技术,可以轻松实现图书馆内的所有图书的快速盘点,实时记录图书馆的借还情况和馆藏数量,从而提高工作效率,避免图书遗失等情况。

自助借还:RFID 技术可以实现读者自助借还,简化流程,节省读者时间,同时减轻流通馆员的工作负担,使他们的主要工作转向咨询服务等其他图书馆工作,从而提高图书馆的整体服务水平。

快速查询:通过 RFID 智能书架上的查询终端,读者可以快速查询图书馆的馆藏信息。

定位功能:RFID 智能书架具备定位功能,可以实时定位书架上的所有图书。读者可以通过书架上的查询终端查询图书,在查询过程中,书架会亮灯提示图书所在位置,使读者能够快速找到所需图书。此外,该技术还可以追踪图书借阅过程中图书的位置信息,避免图书遗失或误放,提高图书馆的管理效率。

②NFC 是一种基于 RFID 技术发展起来的近距离无线通信技术。NFC 技术包含电路和天线设计,其工作方式主要有主动方式、被动方式和双向方式三种。虽然 NFC 是通过频谱中无线频率部分的电磁感应耦合方式传递,但与 RFID 之间还是存在很大的区别。NFC 的传输范围比 RFID 小,并采取了独特的信号衰减技术,相对于 RFID 来说,近场通信具有成本低、带宽高、集成度高、稳定性好和能耗低等特点,因此,在医疗、通信、生物化学识别、卡模拟和文件传输等领域都得到了广泛应用。

在智慧图书馆中,NFC 技术可以用于简化和自动化图书借阅流程。读者只需将自己的手机或借阅卡靠近配有 NFC 芯片的图书,就能完成借阅流程。系统会记录借阅人、借阅时间和图书编号等信息,并自动更新图书库存。此外,NFC 技术还可用于身份识别、查询和交付等模块。例如,读者可以通过手机 SIM 卡模式、SD 卡模式或内置 NFC 芯片模式,轻松获取一台带有 NFC 功能的终端。通过该终端,读者可以在智慧图书馆进行查询、借阅和身份识别等操作。

4.1.4　高校数字图书馆的智慧化未来发展趋势

（1）个性化智慧服务是未来高校数字图书馆发展的必然趋势

个性化智慧服务在各个领域的发展研究都非常迅速,成为推动经济社会发展的重要因素。特别是各大高校高度重视个性化智慧服务领域的创新创造,推动了优质科研成果和产业的发展。未来,个性化智慧服务将成为信息服务的主要模式,并与信息技术的发展程度密切相关。信息化是智能化、个性化发展的基础和关键,智慧图书馆个性化服务水平的高低取决于信息技术的利用程度。例如,高校数字图书馆门户技术属于人机界面技术的集中体现,为了体现界面的友好性,并兼具综合性和实用性,需要采用包括个性化智慧服务、界面风格、结构组织等多方面的相关技术。在资源整合方面,需要良好的数据兼容性,将不同数据结构的数据资源整合到统一的服务平台中。根据个人偏好进行用户界面的设定和配置,便于突出展现用户关注的内容。界面格式要易学易用,通过简单的配置即可拥有针对内容分类的自助服务功能,提升用户的体验感。其中,技术核心在于围绕用户个性化服务方面进行了多方面的尝试。利用数据推送技术,通过各种形式的移动终端将用户自主选择的应用送达给用户。用户可以自由定义推送内容的时间间隔、事件主题和关键信息要素,从而更加精准地获取所需的信息内容。数据推送技术的广泛应用提升了信息获取的效率,大大减少了用户上网搜索的时间。另一类广泛使用的技术是数据分析挖掘技术,可以帮助用户从大量原始数据中提取知识、发现知识,形成有效信息含量较高的资源。

图书馆的个性化服务采用了智能代理技术。智能代理技术能够帮助用户完成预先设置的任务,并且可以快速浏览网页资源。结合爬虫搜索技术,智能代理技术可以在浏览的网页中寻找需要的信息资源。同时,它还可以根据用户的基础信息和行为操作信息自动检索相关资源,提高信息检索和推送的准确率。智能代理技术包含人工智能技术、RPA（机器人自动化处理技术）和 OCR（图像自动识别技术）等相关先进信息技术。它们能够模仿人的行为执行设定的工作任务,并且智能地捕捉用户的兴趣爱好。在一定程度上,智能代理技术可以替代人员进行操作,对于大批量集中型的信息工作,可以大幅减少人员的操作时间,从而大大提高信息检索的自主性、灵活性和精确性。

（2）未来高校数字图书馆需要更加注重资源管理

通过云计算和大数据技术,可以对大规模网络资源进行统一管理、调度、计算、分析和预测,从而实现资源全流程管理。在图书馆领域,可以通过建立高校数字图书馆专享云服务平台,将图书馆的计算、存储和网络资源进行全面整合。同时,可以利用微服务架构等技术来构建新型高校数字图书馆,并根据需求进行容量和性能的扩展提升。图书馆专享云应当融入国家或地方公众服务云平台,利用云服务商提供的运营能力,通过云主机、云存储、弹性宽带、云安全备份等可靠的网络设计,提供高性价比的计算资源和服务。与一般的公有云和私有云相比,图书馆专享云除了具备这些特点外,还具有良好的可伸缩扩展功能。它可以为云主机管理和使用提供弹性虚拟存储设备,通过云存储的扩容、挂载和卸载等操作,与传统的存储设备等效。在云安全备份机制下,用户可以自主选择备份的镜像数目和云节点,并灵活调配计算资源。数据会同时分发到存储和备份服务节点上,实现多重数据保护,全方位保障数据安全。此外,用户通过移动终端浏览器就可以轻松享受高校数字图书馆提供的便捷化资源配置管理服务。他们可以在家中自助式地按需开通、部署、控制和管理大规模的基础设施资源,从而最大程度地共享图书馆的资源。这种方式也能够更好地满足用户个性化的需求。

数字资源是高校智慧图书馆最重要的资源。智能化信息技术为数字资源的实现提供了广阔的平台。随着网络用户群体的不断扩大,数字资源持续增值。通过构建完善的数字资源结构,重新组织数据资源的形式,消除纸质化和碎片化所带来的弊端,对数字资源进行系统化的编目处理,形成知识图谱。此外,提升数字化图书馆个性化智慧服务必然伴随着高校数字图书馆资源管理能力的创新和应变能力的提高。通过行为分析,根据用户的基础信息和行为记录,实现用户画像;通过不断重组数字资源,优化资源结构。在构建资源管理的同时,不仅让用户了解知识点,还将知识点展示在整个知识库中,展现其在整体中的位置,全方位展示知识的关联脉络,方便用户对知识体系整体把握。借助先进的智能分析技术,如关联规则等,分析判断资源之间的语义相关性和衍生过程,形成知识树。用户从某一知识点提出问题,即可得到该知识的溯源及衍生知识。同时,关注用户行为与需求,结合资源评价体系的权重分析规则,丰富和完善馆内的资源体系和知识体系,强化资源要素之间的衔接与抽取,充分发挥用户在知识服务过程中的主导地位,全面提高资源转化知识服务的综合能力。通过扩展高校数字图书馆的综合服务功能和信息化程度,建设知识引导型、服务创新型的现代化高校数字图书馆。在信息化时代,知识服务和智能服务将持续推动高校数字图书馆突破自身局限,获得更广阔的发展空间。

高校数字图书馆资源组织机制的核心目标是实现信息资源的无缝链接和开放搜索,为用户提供个性定制的知识化服务内容。目前,这些服务主要以知识门户的形式存在,而对图书馆资源组织机制的研究将成为未来业界的重要方向。不论是中间数据还是应用数据,都需要基于元数据集成以保持一致性。从受众体验的角度来看,通过知识化组织,信息变得更加清晰易用,既方便用户进行个性化定制,又方便用户获取和利用。从数字图书馆的角度来看,为了提供个性化智慧服务,信息资源在高度集成的框架内完成多元化海量数据筛选、非结构数据技术解析和知识化构建,使离散的非关联数据变成易理解、易访问和易归纳的有序知识元数据,增强了信息资源服务的灵活性、可用性和针对性。增强知识信息的可用性,是提升用户对高校数字图书馆个性化智慧服务系统信任程度的直接途径。重视个性化智慧服务系统的维护,加强系统的用户体验满意度,提高系统利用率,可以降低用户使用系统的时间成本,争取获得更多忠实用户的信任。在高校数字图书馆中,简便地获取并理解图书馆所提供的针对个人特征的信息服务是个性化智慧服务的基本任务。同时,用户对个性化智慧服务质量评价系统发挥了辅助作用,应及时调整智能服务,从知识结构、用户界面、情景设计、人员等方面研究系统的可用性开发,确保向用户提供的个性化智慧服务真正满足其需求,并且能够成为用户工作、学习或生活中不可或缺的助手。只有这样,高校数字图书馆才能持续健康地发展。

注重面向用户的信息资源组织是个性化智慧服务的核心。基于海量信息,通过易用性评估、用户行为和兴趣分析以及需求类别评价等步骤,可以构建用户个性化智慧数据库。个性化智慧服务应该与用户日常的学习或工作紧密结合,成为用户学习或工作的一部分。只有这样,用户才会接受并乐意使用个性化智慧服务,并且个性化智慧服务也将有更大的发展空间。在信息技术时代,高校数字图书馆服务向个性化智慧服务发展是必然的趋势,也是高校数字图书馆生存价值和增值服务的重要体现。随着信息技术的进步,数字资源不断增加,用户对个性化智慧服务的需求意识也在提高,用户需要从海量数据中提取所需信息。因此,高校数字图书馆的个性化智慧需求服务水平必须不断提高,以满足不断提升的用户需求。因此,高校数字图书馆的个性化智慧服务等值得我们继续探索和研究。相信在不久的将来,会有更先进的技术和更适合的管理模式,持续推动高校数字图书馆个性化智慧服务的发展。

为了加速实现高校数字图书馆个性化智慧服务的创新升级,需要系统分析当前高校数字图书馆在个性化智慧服务方面存在的问题和障碍。同时,我们需要探索高校数字图书馆个性化智慧服务的新方法、新技术和新应用,充分利用各种信息技术和工具。我们可以进行用户信息分析挖掘,有效解析用户个性化信息行为,构建高校数字图书馆个性化智慧服务体系。此外,我们还需要建立健全个性化智慧服务的模式和机制,提升与用户交互和响应需求的水平。通过合理整合资源,围绕用户的个性化需求,让用户在任何情境中都能随时接入高校数字图书馆,并根据用户的兴趣偏好、专业特点、历史行为和个人经历等进行分析,利用智慧化技术分析语义和情境,对定制的个性化服务内容进行延伸。这样能够展现高校图书馆智慧化服务的独特性和扩展性。

(3)为适应市场化需求,高校智慧图书馆要建立起与市场相匹配的电子商务模式

高校智慧图书馆的电子商务模式主要包括 B2B、C2C、B2C 等经营模式。基于近年来信息技术手段的不断发展,未来新型的商务模式将提供推送、接收和交互式三个主题的业务。其中,"推送"主题用于发布数字资源相关的公共信息、招聘信息和商品广告等;"接收"主题用于个人定制化的信息接收,主要包括问题回复、活动安排、图书馆产品信息等;"交互式"主题包括网络购书、个性化智慧服务、专家问答和图书沙龙等。

未来图书馆将利用网络、云服务等中间计算存储设施,通过将网络机房以微服务模块部署为移动代理服务器,将图书馆服务延伸到用户身边,并对用户行为数据进行大数据分析计算,以建立全天候的服务机制。为了实现这一目标,需要进行系统研究,包括高校数字图书馆个性化智慧、知识化信息服务和新媒体服务的手段和技术,利用决策树、用户分类聚类算法等对用户兴趣类型和

购物偏好进行分析,建立用户的类别模型。通过对搜索引擎返回结果进行过滤,实现真正意义上的个性化智慧信息资源服务,即准确提供满足用户需求的信息资源。

4.2　高校智慧图书馆建设的模式与路径探索

4.2.1　高校图书馆智慧型全域化生态服务模型

高校图书馆智慧型全域化生态服务模型(LSGESM)如图 4-1 所示,主要分为基础层、软件支撑层、服务规则层和应用交互层。该模型通过高校智慧图书馆的空间设计和精细的智慧化知识服务优化智慧化业务流程。

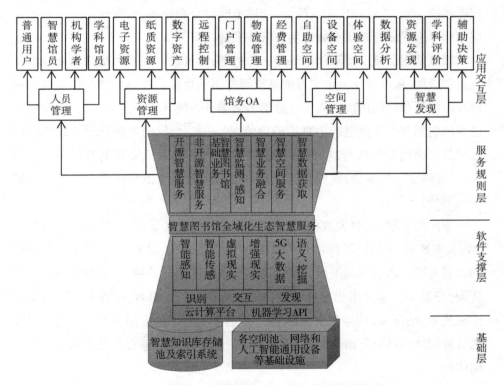

图 4-1　高校图书馆智慧型全域化生态服务模型

基础层包括存储设备、服务器超融合系统和感知设备,用于实现整个服务模型中数据的获取、储存和分析。存储设备用于构建中央知识库的云基础设施。感知设备则利用移动、传感、定位、RFID 和 NFC 等技术,完成高校智慧图书馆的基础数据和信息的采集、识别、分析和构建。例如,可以收集高校智慧图书馆建筑的温度、湿度、光感等技术数据,并通过被动式 RFID、主动式 RFID 或 NFC 实时感知资源的使用情况。数字化设备通过 5G 和人工智能完成物联网、云计算中心、边缘计算和海量数据的实时传输。根据高校智慧图书馆的业务场景设计智慧化架构,从而实现智慧图书馆数据的智能连接。

软件支撑层重点是应用机器学习和神经网络等数据挖掘算法,发现底层数据的潜在联系,处理数据的互联互通和集成问题,形成支撑数据,与世界智慧图书馆建立相对应的数字孪生体,从而实现对图书馆管理和服务的精细化。基础层获取的数据和信息在软件支撑层进行加工、分析和处理,构建高校智慧图书馆的引擎驱动。一般包括云计算系统、智能化系统软件、人工智能控制软件、数据库系统、操作系统和应用软件等,通过不断融合和完善,汇聚成由一系列独立应用程序组成的智慧型全域化生态服务平台(SGESP)。

服务规则层是支持软件系统的一种机制,通过建立一系列规则来处理海量数据和应用,最终形成一个完善的高校智慧图书馆监管体系。这个体系旨在构建开放创新和协同治理的高校智慧图书馆服务新模式。一方面,我们需要制定适当的规则来引导数据产生真正的价值,另一方面,我们要确保服务规则层的各项制度得到有效执行,以保障智慧化服务产品和业务流程的有序运行。同时,通过遵守行为规则,我们希望让用户成为高校智慧图书馆全域化生态系统的一部分。

应用交互层是在"大数据+智慧化+图书馆"模式下,以大数据、虚拟现实、5G、人工智能、区块链等技术为基础,建立图书馆资源、服务、空间等多要素之间的联系系统。该层面向用户,实现可移动、多维度的资源展示和虚拟服务,例如咨询、导览等。通过集成可穿戴设备上的触摸、视觉、语音、动作和意图等多种感知技术,结合 5G 网络的安全性,将高校智慧图书馆的应用交互层各应用系统的计算和处理结果传输给用户,从而使用户能够获得全感官沉浸式的智慧图书馆体验。

4.2.2 高校图书馆智慧型全域化生态服务模型建设实例

高校图书馆智慧型全域化生态服务模型应用于智慧图书馆的核心服务平

台、智慧数据服务平台、中央知识库和第三方接入平台等方面。具体建设实例如下。

（1）模型中资源管理将重新定义各类资源管理的工作流程，支持 CNMARC、USMARC、DC、DCTERMS、RDA 等元数据标准编目。它还支持基于中央知识库的书目数据的自动更新和维护，能够自动收割元数据，并实现根据测量和分析自动分配种次号、条码号、馆藏地等一键功能。该模型实现了多标准一体化编目，包括自动编目和元数据自动更新，并支持纸质馆藏、电子资源和数字资产的一键功能，实现了纸电资源管理的一体化。

（2）模型中的馆务 OA 可以实现远程控制、经费管理、门户管理和物流管理等功能。门户管理可以分为供应商门户、馆员工作门户和读者服务门户。其中，远程控制功能可以通过为每个研究空间配置前端显示触摸屏来实现，该触摸屏可以显示使用者信息、相关研究内容简介、室内环境数据信息以及馆务通知等，从而为学生和老师提供便利。此外，每套桌椅上都配置了一个显示触摸屏，方便进行研讨任务点的发放和教学信息传送。

（3）通过门窗监测模块，可以对空间进行实时监测或在敏感时段进行监测。该模块将门窗的状态信息及时上传至服务器，实现对门窗的自动监测和警告功能。此外，还可以通过感知室内的光照强度来自动控制照明灯和窗帘的开关，以实现节能和保持室内环境舒适。同时，通过感知教室内的二氧化碳和氧气浓度，可以保持监测空间的良好空气质量，提供健康与舒适的学习和办公环境。

（4）数字系统可以由内置电子白板功能的互动控制设备一体机替代传统的黑板教学，实现无尘教学，并保护师生的健康。这样的设备可以实现师生之间的互动式教学，提升学习效果。录播系统控制设备通过人脸识别和镜头捕捉，配合移动录播系统，可以实时记录教学信息。该系统能够实现镜头推拉、摇移，实时捕捉教师和学生的特定画面。同时，它支持"点对点"播放模式，以实现视频画面的采集和传输。安防系统的视频监控可以为资产出入库和人员出入情况提供查询依据，提高安全性和管理效率。

4.2.3　高校图书馆智慧型全域化生态服务模型的数据管理服务路径探索

将数据获取及管理技术融入高校图书馆管理的各个环节和流程，就构成了包括各类智能系统在内的智能数据管理服务系统,借助人、空间、信息等各类数据资源的作用,形成了以用户需求为核心的智慧数据管理服务。高校智慧图书馆全域化生态服务模型的数据管理服务的核心理念体现在数据管理服务范围泛在化、服务环境智能化、服务内容知识化、服务空间虚拟化等方面。从粗放的文献单元向深层次挖掘的、精准的知识单元转变。在对高校图书馆的各类文献资源、有价值的网络实时流动信息数据以及图书馆用户行为数据和个人知识库信息进行知识融合基础上,以知识发现、个性化定制、知识图谱为核心,构建细粒度化和网络化的知识环境,并在此基础上自动抽取和构建满足用户需求的集成化知识产品,以推动知识的利用和创新。

(1)高校智慧图书馆的建设倡导绿色可持续发展

我国目前各级图书馆的智慧化服务开展还处于摸索阶段,对新技术、新方法的应用还需要进一步探索和实践。为了不断提升智慧化服务水平,各级图书馆之间应加强协同合作,利用新技术不断创新智慧化服务模式,逐步扩大服务范围和提升服务质量。同时,要加强大数据和人工智能技术的研发,以不断推进智慧图书馆的功能性和亲和性,使智慧图书馆能够更好地满足用户需求,构建以用户为中心的协同、开放、参与的创新型服务体系,展现高校智慧图书馆的社会价值。此外,还应重视知识发现平台的建设,完善机构库和特色馆藏建设,打造智慧图书馆绿色发展蓝图。

(2)加大技术资源整合力度,保证数据安全

引入虚拟现实和增强现实技术,将服务空间的虚拟和真实相结合。用户不仅可以在任何环境中感受到计算机模拟的高校图书馆的视觉、听觉和触觉等体验,同时还能够通过虚拟场景与高校图书馆的真实场景进行交互。高校图书馆依托智能感知技术和泛在化服务环境的构建,运用物联网和大数据技术,并通过 Web 平台和云平台的支持,实现新媒体服务系统矩阵和网站群的联合服务。此外,通过微型和智能传感器、短距离通信以及智能系统等关键技术,可以全面应用自助数据管理服务。同时,需要加大技术和资源整合的力度,以保障数据的安全性。

（3）提高受众参与度，实现技术与人文深度融合

要注重馆员培训，以培养智慧型馆员来支撑智能服务、知识服务和人性化服务等需求。智慧型人才是高校智慧图书馆发展的核心资源。在智慧化服务模式下，智慧图书馆建设以人机互动为表象，注重鼓励受众参与和构成元素的多样化，加强对受众知识使用习惯的挖掘和知识元数据的再利用，以满足受众多样化和个性化的需求。

（4）推进跨界协作融合

依托图书馆联盟，加强协同服务和资源共享，加强生态人文建设。我国在智慧图书馆建设与服务的理论研究和实践方面与国外基本保持同步，甚至在实践方面甚至还具有一定的领先优势。高校智慧图书馆在建设上应融入智慧社会建设体系，不断拓展自身的价值和功能，充分发挥图书馆的基本职能和高校图书馆员工的基本职责。在利用智能技术和产品的过程中，高校智慧图书馆管理服务的发展完全有可能走出自己独特的特色之路，加强协同服务和资源共享，进一步强化生态人文建设。同时，积极应用新技术，营造智慧学习空间，为智慧社会的建设和发展提供更全面、高效、快捷的知识信息服务。

高校智慧图书馆是新时代图书馆全面推进现代化的新形态。作为教育智慧化创新改革行动的翘楚，高校智慧图书馆也是高校图书馆改革发展创新的重要理论与实践基础。高校智慧图书馆建设是一项长期、复杂的系统工程，其建设需要克服智慧服务体系构建的局限性，破除智慧化技术应用上的局限性，加强智慧化服务平台构建的同步性和智慧化服务全域化应用能力。以人工智能为核心的高校智慧图书馆，注重受众对场景的核心需求。将智能技术赋能图书馆事业发展，探索智慧图书馆的建设路径，深入开展智慧型馆员培养，加强建设智慧图书馆全域化生态服务建设，为我国智慧图书馆事业逐步稳定发展提供参考和启示。

4.3 "互联网+"高校图书馆个性化智慧服务

4.3.1 "互联网+"新经济形态发展现状

当前,"互联网+"作为将互联网与传统线下行业创新融合的新型经济形态,正处于历史上蓬勃发展的时期,各个应用领域的成果逐年攀升。同时,"互联网+"得到了政府的大力支持和广泛推广,成为科学研究、社会服务、商业应用等领域的热点。在这个"互联网+"时代,高校智慧图书馆应进行创新发展、不断提升服务质量,需要结合自身特点,充分利用互联网这一广阔平台,实现转型升级。

2023年中国互联网络信息中心发布的《中国互联网络发展状况统计报告》[①]显示,截至2023年6月,中国网民规模达到10.79亿人,其中IPv6活跃用户数为7.67亿人。移动电话基站总数达到1129万个,其中累计建成开通5G基站293.7万个。报告还指出,截至2023年6月,我国手机网民规模达10.76亿人。移动图书阅读方式正逐渐成为大众常见的阅读方式,这就要求高校智慧图书馆的服务在形式和内容上更加适应公共阅读方式的变化。我们注意到公众个性化阅读呈现越来越鲜明的特点,需要提供更简短精练、时效性强的阅读资源来满足读者快速浏览的需求。与此同时,在"互联网+"的背景下,发展综合化的服务成为未来公众图书馆发展的必然方向。例如,24小时在线图书馆、全数字智能化图书馆和掌上移动图书馆等新型图书管理服务方式将成为未来发展的新趋势。

为了适应"互联网+"时代的发展潮流,许多图书馆进行了有益的尝试,并取得了显著成果。例如,扬州市图书馆开展了"四位一体"图书馆服务体系建设项目,内容包括总分馆建设、24小时自助图书馆建设、流动图书馆建设和数字图书馆建设等四个主题。在这些建设项目中,掌上图书馆和电视图书馆的建设将线下阅读转移到数字平台上,突破了传统阅读受时空限制的局限,使阅读变得更加自由便捷。通过读书机、阅报机和视频机等设施,读者可以体验触摸式的交互服务模式,提升了体验感,使阅读变得更有趣味。通过引入"订单式"服务,读

---

① 报告由中国互联网络信息中心于2023年8月28日第52次发布。

者可以更加自主地按照自己的需求进行定制化的设置,直接指定任意分馆作为借阅地点,增强了读者的自主性。同时,数字化体验馆为读者提供身临其境的阅读体验。这些创新举措有效地提高了图书馆的服务质量,满足了读者的多样化需求,推动了图书馆事业向前发展。

党中央、国务院高度重视公众图书馆建设和发展,希望全民阅读能够形成一种氛围,让书籍和阅读成为人类文明传承的主要载体,把阅读作为一种生活方式,把它与工作方式相结合,这不仅会增加发展的创新力量,而且会增强社会的道德力量。公众图书馆的社会价值巨大,需要不断创新发展,为社会提供更为便捷的阅读服务。我们需要抢抓历史机遇,利用好"互联网+"等先进的信息技术手段,创新服务模式,提升服务水平。这对于我国公众图书馆事业的发展具有深远的影响和意义。

(1)在理论意义方面

2012 年,"互联网+"理念被提出,标志着将互联网嵌入传统行业的模式正式开启。作为公众服务之一,图书馆行业迎来了难得的历史发展机遇。高校智慧图书馆主要流程是收集、整理、保存和传播文献。传统流程的主要工作对象是纸质文献。

在快节奏的社会工作常态下,读者需要有一定的时间和空间才能阅读相关文献。很多有阅读需求的人难以找到连续的时间来借阅,导致社会的阅读程度普遍偏低,公众图书馆资源的利用效率较低。

然而,网络时代的信息是数字化的资源,可以突破时间和空间的限制。通过在各类移动终端上进行最大程度的资源共享,图书馆资源可以得到充分利用,从而摆脱了供需双向困境。

本书研究了信息化背景下高校智慧图书馆个性化服务的趋势。这些研究结果对于"互联网+阅读"具有启示作用,并为新时代数字图书馆的定位和转型提供了参考。在信息化时代,传统行业面临着历史性变革,只有主动行动,才能更好地迎接和适应社会需求。针对读者的个性化需求进行目标导向的设计,可以帮助图书馆找到前进方向和生存发展之路。这不仅能提升社会整体的阅读水平和公众的文化修养,还有益于文化传播和人文精神的社会培养。

（2）在实践意义方面

本书对新时期高校智慧图书馆转型发展具有重要的实践意义,有助于推动信息化新形势下公众图书馆在社会生活中产生影响。为了适应新的发展形势,当代图书馆正朝着数字化建设的方向迈进,借助于"互联网+"平台,可以快速推进数字化转型的进程。图书馆在网络平台上共享大量的数字资源,可以提高资源的利用效率,降低读者的时间和经济成本。同时,准确定位"互联网+"时代高校智慧图书馆的服务方式和发展路径,持续推进数字图书馆、移动图书馆等相关产业的创新发展,将有力地促进数字经济在图书馆服务领域的生根发芽。

同时,本书有益于探索图书馆如何更好满足用户个性化需求,以及为网络空间平台支撑下的图书馆服务方式及内容提供更为宽阔的管理思路。图书馆应根据读者阅读偏好和时间碎片化的客观要求,有针对性地提供更多内容精炼、符合读者需求的阅读资源。通过分析用户可能感兴趣的主题进行推送,并利用大数据算法不断更新迭代,使推送内容不断修正、更为精准。

（3）在创新研究方式方面

传统的图书馆服务研究主要关注图书馆的物理空间建设、人才培养和资料借阅等方面,对于读者个性化需求的研究相对较少。而本书则以满足读者需求为首要目标,借助"互联网+"等信息技术和手段,探讨如何在尽可能少的成本下,更高效地利用现有条件,提升图书馆资源的利用率和读者满意度,从而有效提升公众图书馆的服务水平和竞争力。

本书通过系统阐述"互联网+"的概念、特点以及对传统图书馆服务方式的影响,客观分析了高校智慧图书馆在"互联网+"时代面临的机遇和挑战。笔者通过调研国内外案例,借鉴成功经验和避免陷阱的做法,总结了"互联网+"对高校智慧图书馆传统服务方式的影响,并提出了合理的建设方案。在硬件设施方面,主要目标是实现场馆设计的特色化和设备终端的多元化。在信息资源提供方面,主要发展方向是将服务资源数字化和信息资源定制化。在服务效能方面,主要目标是满足用户个性化需求,提倡多元化和便捷化,不断增强读者的体验感和获得感,并深入挖掘用户需求。通过以上方面的努力,高校智慧图书馆可以更好地利用"互联网+"的机遇,提升服务水平,适应新时代的需求,比传统图书馆具备更强的竞争力。

目前"互联网+"已经由初级发展阶段向成熟发展阶段迈进,越来越多的行业利用互联网平台衍生出新型发展业态,创造出世人瞩目的业绩。有人认为"互联网+"的本质是互联网与传统产业的结合,将行业业务在线化、数据化。还有人认为"互联网+"的本质是通过互联网带动传统产业,依托数据挖掘等各类算法对海量用户行为进行分析,深度了解用户需求。本书认为"互联网+"就是利用互联网技术对包括高校智慧图书馆在内的多种行业模式进行升级改造,从用户体验出发,提升用户及服务提供者之间的交互,充分理解用户需求,最大程度满足用户需要。

当前,互联网已经在人类社会各个方面产生了深刻影响,对社会生产力的促进作用日益增强。数据作为一种新型的生产要素,不断推动着信息化和工业化的结合向更深层次发展。利用互联网平台、大数据、云计算等现代信息技术,可以创造全新的行业生态,这已经成为广泛的共识。

一般认为,"互联网+"有五大基本特征:一是跨界融合。所谓跨界,就是跨越传统行业的壁垒,在网络中共享和共用行业资源,同时获取网络中的其他资源,促进本行业进一步发展。跨界融合不仅有利于创新和整合重塑,也有利于开拓创新。通过提供更广泛的社会服务,融合更多的社会资源,增加创新的可能性,并丰富协同的手段。群体智能也会更加显现。例如在互联网平台上引入支付过程,极大地提升了交易安全性和便捷性,是"互联网+"的典型应用,深刻影响着当代社会活动。二是创新驱动。科学技术是第一生产力,创新是科技发展的重中之重。加快科技创新及应用,推进行业组织、商业模式的转型升级,开放创新已经成为全社会普遍共识。国家大力支持和倡导创新创造,并形成了良好的社会氛围。三是结构重塑。互联网不仅可以存储和传递信息,还具有改变事物结构、重塑管理模式的能力。原有行业的身份和职能被重新定义,例如角色、权责、职能、权益等因素在互联网中具备了重新定义的可能性。互联网突破了地缘边界的限制,使网络终端节点更加平等。四是尊重人性。人性并非一成不变,人类的欲望和需求时刻受到外界社会因素的影响。互联网为新时代的人性自由创造了更广阔的空间。五是生态开放。互联网时代的商业模式不再受自然空间的限制,成为一个没有边界的物质世界。在全球化的进程中,充分掌握和利用互联网技术将获得在全新生态发展下的巨大优势。充分利用"互联网

+"不仅是时代的选择,也是必然的趋势。

"互联网+"不同于传统思维定式,强调非线性思维,以点状发射为主要模式,突出简约专注,足够满足需求即可。现代社会生活节奏快,读者时间和耐性被大大压缩,智慧图书馆必须在尽可能短的时间内吸引读者,满足读者需求,才能长期抓住读者。同时,根据"长板理论",应充分发挥核心优势,实现系统价值最大化。"互联网+"以信息技术引领新经济形势发展,对行业规则进行重新定义,突出便捷、智能特点,只有符合这种时代特征需求,才能适应时代发展。面对这样的全新格局,作为高校智慧图书馆管理人员,应紧紧围绕"互联网+品牌"新思维开展工作。在"互联网+"时代,图书馆在场馆及信息资源建设、读者服务、组织管理等方面都将突破传统图书馆模式的限制。第一,在"互联网+"时代,信息资源的服务范围需要依靠信息技术和移动终端设备提供支撑;第二,在"互联网+"时代,高校智慧图书馆服务主要以数字化信息代替纸质资源提供服务;第三,在"互联网+"时代,高校智慧图书馆资源服务特征是移动式的、交互式的,突破时空的局限,随时随地与读者进行沟通和交流;第四,在"互联网+"时代,高校智慧图书馆以读者需求为主要努力方向,读者从被动接受方变为主动选择方,这一变化对图书馆提出了全新的目标要求。随着信息技术不断更新和发展,高校智慧图书馆的服务方式和流程在资源检索和获取方面发生了根本性的改变。传统图书馆已经失去了"围墙"的限制,海外各类资料也变得"近在眼前"。图书馆的服务不再限于资料整理、信息传递和文献保存,而且增加了新闻推广、个性化服务提供和社会群体教育培训等。

具体来说,高校智慧图书馆的服务可以分为服务设施、服务资源和服务效能三个方面。其中,服务设施指的是提供服务的场所和设备,场所包括图书馆内外的物理空间,设备包括图书馆管理信息系统、24小时自助借阅设备、图书馆门禁管理系统、电子读报机等。服务资源包括纸质资源和数字资源,纸质资源包括图书、期刊、报纸等,数字资源包括图书馆数据库、电子期刊、电子图书等。在"互联网+"时代,数字资源数量呈指数级上升趋势。服务效能包括基本服务、特殊群体服务、阅读推广和社会教育。高校智慧图书馆的服务内容包括图书文献借阅服务、检索查询服务、宣传培训活动等。高校智慧图书馆面向的服务对象非常广泛,涉及社会各阶层和各行业的人群。因此,在新时期下,高校智慧图书馆做好知识传播和文化宣传对国民素质和社会治理有着重要的影响。需要加大力度推广公众阅读,及时正确引导全民阅读,鼓励自主学习,提升知识获取能力,培养终身学习的习惯,帮助社会公众实现个人成长。

根据公共经济学的观点,通常由政府提供的物品或服务,具有公共物品的基本特征,公共物品的基本特征是非排他性和非竞争性,即非排他性和非竞争性。非排他性指的是公共物品,无法排除人们对其使用。例如,政府投资建设的公共交通,无法阻止车辆和行人使用。非竞争性指的是物品或服务可以被多个人共享,一个人的使用不会影响其他人的使用,并且边际成本不会随着使用人数增加而增加。例如,对于无线网络来说,增加用户数量不会增加使用成本。因此,公共物品的基本特征决定了公共服务不遵循市场经济的原则。公共物品的非排他性导致一旦投入使用,就难以避免搭便车行为。因此,这类物品通常需要由政府投资来建设,而不是私人投资,这会导致供应不足。对于那些非竞争性的物品和服务,尽管具有排他性,但收费必然会导致用户数量减少,从而限制商品或服务的收益积累。在这种情况下,只能通过政府利用公共财政投资来建设,以满足需求。

高校智慧图书馆属于公共物品的范畴,因此具备公共物品的基本特征,即图书馆服务具有一定程度的非排他性和非竞争性。但是,高校智慧图书馆受空间限制,对到访人员数量有一定限制,如果超过图书馆接待能力,则后来者不能享受服务。此外,馆藏纸质图书数量有限,因此同一本图书在同一时间段内只能被一个读者所占用,具有明显的竞争性特点。然而,如果从长期的角度看,一本书被某个读者借阅归还后,又可以继续为其他读者提供服务,这时竞争性并不明显。因此,图书馆具备的是弱公共物品性质。联合国教科文组织曾经指出,公共图书馆是各地通向知识之门,为个人和社会群体的终身学习、独立决策和文化发展提供了基本的条件。

从高校智慧图书馆的发展历史来看,高校智慧图书馆虽然在一定程度上具备公共物品的服务特征,但真正得以保持其公共物品地位的重要因素在于大众对知识的需求和保护。因此,在信息化时代,高校智慧图书馆个性化服务的研究中,首要因素是确定服务的范围和方式,这样才能得到完整的服务方案和内容。从经济学的角度来看,服务方式本质上是服务产品的生产和交换形式的总和。而高校智慧图书馆的职能是为读者提供平等、安全的信息资源和服务。这些服务需要具备服务设施、服务资源、服务效能等特点。如何高效利用这些特点创新并创造更为优质的服务产品,以满足人民群众日益增长的精神文化需求,是本书核心思想和主要研究内容。传统图书馆服务以纸质文献为服务工具,利用图书馆场地,通过借阅及参考咨询等模式向读者提供服务,服务过程需要与读者进行面对面的沟通。

传统图书馆服务的优势在于,对于仍然偏爱纸质资料阅读的读者来说,传统图书馆能提供身临其境的阅读体验,这是数字图书馆无法完全替代的。此外,传统图书馆经过数百年的发展,形成了一套非常完整的管理流程,包括室内阅读、资料外借、文献复制以及文献更新等,读者可以得到面对面的交流与沟通。

然而,传统图书馆的服务也存在一些明显的缺点。第一,由于馆藏资源以纸质为主,信息资源的时效性较差。在信息大爆炸的时代,纸质资料的获取和更新周期较长,难以满足人们对即时性资源的需求,从而导致服务质量打折扣。第二,传统图书馆的资源获取方式相对单一,读者必须亲自到馆内借阅。虽然图书馆设有电子阅览室供读者访问馆藏和外部数字资源,但访问受限于固定 IP 地址,自由度较低。第三,一些图书馆保管着重要的古籍文献资源,但由于反复查阅会造成磨损,这些珍贵资料难以像普通纸质资料那样方便借阅,因此利用率较低。

4.3.2 "互联网+"高校智慧图书馆服务发展趋势

在信息化时代,高校智慧图书馆想要吸引读者,首先应该根据读者的性别、年龄、学历和经济状况等对读者进行分类。利用大数据技术分析不同类型的读者群体的阅读习惯和偏好,然后有针对性地规划馆藏布局,进行图书采购,设置宣传主题。此外,我们还应该提升读者的参与度和获得感,促进读者之间的经验分享,借助信息化交流平台来提升用户体验。同时,还应优化图书馆管理网站,开发包括手机图书馆在内的移动图书馆终端,提升读者的参与度。

自 1995 年以来,我国数字图书馆建设取得了长足的进步和发展,资源种类日益丰富,服务水平逐年提高。截至 2020 年底,全国数字资源建设总量达到 16533 TB,并以每年 10%的速度增长。此外,国家重视顶层设计和资源整合,开展全国范围内的数字图书馆联合建设,以节约建设资金并实现资源的最大程度共享。截至 2020 年底,全国范围内共享的图书馆数字资源总量已超过 800 TB,

年增长率保持在 15% 以上。

国家数字图书馆持续推进服务创新,拓宽服务渠道,以读者为中心,从读者个性需求出发,不断提升服务方式和水平。形成了以下几方面的成效:

一是人性化服务越发突出。为了降低读者使用图书馆资源的门槛,国家数字图书馆针对不同用户群体的需求,在办证手续、借书数量、借阅期限和还书地点等方面进行了优化,最大程度地给予读者自由度和便利性,得到了读者的高度认可。

二是现代化设施逐渐完善。近年来,国家数字图书馆在硬件和软件方面进行了大规模的投资和建设,引入了包括麒麟芯片和 5G 技术在内的先进技术资源。在政策的大力支持下,国家数字图书馆依托国内外知名企业的先进理念和技术支持,数字化文献资源的工作进展顺利。

三是人员综合服务能力越来越强。为了提高图书馆管理人员的综合能力,适应网络化管理的需求,国家数字图书馆在招聘人员时不仅要求其具备本专业学科的知识,还要求其具备丰富的科普知识、社会知识、计算机和网络知识等,并且定期对人员进行相关培训。

四是充分实现资源共享共用。图书馆通过充分利用数字资源,可以实现资源的共享和共用,提高资源利用效率。按照数据确权规则等要求,确认数据所有权后的资源可以在互联网平台上按照相关规则进行共享。

信息化背景下,个性化数字资源形式转化是一个关键环节。在信息存储和传输成本越来越低的时代,高校智慧图书馆需要通过数字化手段不断丰富数据内容,提升数据的吸引力,以与用户加强联系。通过运用"互联网+图书馆"的思维,将馆藏纸质资源进行数字化处理,可以实现图书馆的改造,形成海量数字文化综合体,从而实现文献资源从纸质到电子、从静态到动态、从单向到双向、从有限到无限的升级。随着互联网技术在全球的快速发展,图书馆作为公众服务部门发挥着越来越重要的作用,读者的行为模式和思想动态也发生着重大的转变,对图书馆的需求变得更加强调及时性、丰富性,更加注重信息的效用。

为了满足用户升级的需求,图书馆应该从以下方面进行相关建设。一是充分利用网络信息资源,建设虚拟馆藏。二是加强专题数据库的建设。对电子类数据资源进行分级分类,形成若干专题数据库,在专题数据库内不断进行内容的丰富和完善,形成内容高度集中的信息资源。数据库可以包括目录数据库、混合数据库等多种类型。

通过以上措施和手段,传统图书馆可以借助信息化平台实现从文献资源建设向信息资源建设的转变,促进相关资源的高度融合,这大大有利于提升服务质量。

可以感受和预见的是,未来图书馆的信息服务必然向电子数字载体为主的方向转变。由于互联网信息以多媒体形式存在,因此数据结构将呈现多元化的非结构性特点。这包括文本、图像、音频等多种结构的数据资源,将极大丰富数据格式。用户可以通过搜索引擎以多种方式进行信息筛选,突破传统目录搜索方式。通过关键词查询即可向后台服务器提出搜索条件,图书馆利用互联网载体将类似资源整合并提供给前台用户使用。

用户体验方面,随着"互联网+"时代的到来,用户可以利用平台与服务提供者进行便捷化交互。对于高校智慧图书馆来说,准确掌握用户需求是提供精准服务的前提和关键,因此需要广泛搜集用户的相关信息,利用专业数据分析工具进行需求分析,准确把握读者需求,主动推送针对性强的内容,才能牢牢把握读者,扩大受众范围。"互联网+"的服务模式本质在于利用移动互联、人工智能、大数据等信息技术,优化服务方式,提升服务质量。例如开通图书馆微博、微信公众号,将图书馆动态、热门图书、讲座、展览等相关内容及时报送给读者,适时推送引起读者阅读兴趣,加强高校智慧图书馆的存在感。

在人们获取信息途径多样化的时代,高校智慧图书馆要想脱颖而出,就需要注重打造自己的阅读品牌。如果能够形成优秀的品牌效应,并引导网络流量的方向,就可以吸引更多网络用户的关注和评价,从而大大提高图书馆的影响力。例如,在服务过程中,应该加强相关活动的策划与组织,逐渐形成固定时间和固定场所的系列读者活动,进一步增强品牌效应。此外,高校智慧图书馆还具有社会教育职能。除了满足读者获取知识信息的需求外,图书馆还应主动提供教育培训服务。应充分利用网络资源,提升用户对图书馆资源的专业化使用能力,包括信息检索知识和能力、信息获取能力、信息筛选能力和信息创造能力等。通过这样的方式,高校智慧图书馆才能更好地发挥其社会教育职能,为广大用户提供更加全面的服务。

笔者通过对大量相关文献的调研发现,针对图书馆用户的个性化需求,已经出现了各种不同的图书馆信息服务模式,例如门户模式、智能代理模式、呼叫中心模式、推送模式、垂直门户模式等。然而,进一步分析表明,这些模式在提供个性化信息服务方面存在许多限制,主要原因是缺乏提供个性化信息服务所需的技术手段和配套设施。新的互联网技术和理念的应用不仅丰富了传统模式的个性化服务内涵,并增加了实际操作的可行性,同时也催生了新的信息服务模式。然而,需要注意的是,尽管这些模式在满足用户个性化信息需求方面起到了巨大的推动作用,但每个模式都有其相对的侧重点。这是由图书馆为满足多样化、多层次、动态与静态结合的个性化用户主观诉求所决定的。

门户模式是一种在图书馆个性化信息服务实践中成功开发并广泛使用的模式。在 Web 3.0 网络实践中,门户模式将进一步优化,更加注重用户操作的自主性。它还会智能追踪和判断进入"门户"的用户资料,并主动提供或建议新的个性化服务内容。这种模式更适用于 PC 终端用户或愿意登录门户的用户。实际上,在互联网过渡阶段,许多科研院所、高校都普遍采用这种模式。因为在图书馆用户群体中,这部分用户具有较强的信息素养和明确的使用目的,受到使用习惯和任务特性的驱使,他们更倾向于选择门户模式来获取所需信息。

智能代理模式是围绕满足用户个性化信息需求展开的一种模式。在图书馆的个性化信息服务中,智能代理模式可以广泛应用于各类用户群体。可以根据信息需求的特征对这些用户群体进行分类,主要包括信息弱势群体、专业信息需求群体以及一般信息需求群体等。

在 Web 3.0 环境下,图书馆的个性化信息服务采用代理模式是至关重要的。其中的关键是开发成熟的软件技术,尤其是移动智能代理的成熟应用。移动智能代理能够有效地接收、处理和自动反馈用户的信息需求,因此具有重要的价值。通过智能代理模式,图书馆可以更好地满足用户的个性化信息需求,提供更精准、高效的服务。同时,智能代理技术的不断发展与创新也将进一步推动图书馆个性化信息服务的发展。

呼叫中心模式。有时,信息用户的信息需求是即时的、简单的,但也是其个性化需求的表现形式;同时,图书馆的信息服务还应考虑信息弱势群体的个性化信息需求,以及图书馆用户在某个时刻信息接入终端受限情况的存在等。因此,将图书馆信息服务与"114"电话导航信息服务在业务领域、服务内容和体制机制上进行整合,是 Web 3.0 网络环境下图书馆致力于个性化信息服务的新的实践形式。

　　虚拟 3D 图书馆模式是一种以 3D 动画效果呈现图书馆各个功能和组成部分,让用户以虚拟身份获得真实的图书馆信息服务效果的服务模式。

　　个性化信息服务模式是以个性化信息服务系统为平台,旨在满足用户个性化信息需求,通过调整和组合来提供定制化服务的工作模式。图书馆个性化信息服务的根本目标是根据信息用户的专业化和个性化需求,以特定的服务方式为其提供适当的、有针对性的和独特的信息服务,以支持用户的信息学习、信息利用和信息创造。图书馆个性化信息服务模式的构建直接影响着图书馆信息服务的水平和发展前景。

　　个性化信息推送模式是指图书馆根据对用户的动态跟踪和需求分析,预测并传递经过加工的信息,以满足用户未来或潜在的信息需求。在 Web 3.0 环境下,图书馆个性化的信息推送服务最注重对用户数据的自动、智能搜集和分析,以准确、科学地预测用户的信息需求,并向其提供所需信息,避免产生信息垃圾。这样才能保证推送服务的效果,并体现图书馆个性化服务的技术优势。图书馆的个性化信息推送模式可为任何信息定制的用户提供服务。这种模式也充分展现了未来 Web 3.0 网络环境下图书馆信息服务的典型特征。通过建立这种模式,图书馆能够满足用户对信息的心理、生理等方面的全新需求。在成熟的虚拟 3D 社区和虚拟 3D 大学中采用这种模式,为虚拟社区用户和其他虚拟用户提供真实的图书馆信息服务,将给用户带来一种全新的体验。

　　频道推送是一种常见的推送模式,通过将某些网站的页面定义为阅读器中的频道,用户可以像选择电视频道一样选择他们感兴趣的内容进行阅读。这种方式被称为真正简单的聚合,目前在新闻聚合方面应用最广泛。图书馆也可以利用频道推送服务开展新闻推送、新书推荐和参考咨询等服务。

　　利用信息推送服务的模型是由内容提供者提供并根据内容的变化进行实时更新。用户可以通过阅读器软件或在线阅读工具,在阅读器中添加相应的地址,并定时同步。在不打开站点内容页面的情况下,用户可以先阅读摘要,然后根据需要进一步阅读相关内容。一个用户可以订阅多个站点,以完成不同来源信息的聚合。一旦订阅,新信息就会不断地实时推送给用户,而无须用户进入多个网站来获取信息。信息推送服务的信息流如图 4-2 所示,实线箭头表示用户订阅的信息流,虚线箭头表示基于信息推送的信息流。

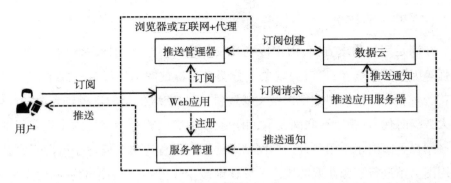

图 4-2　信息推送服务的信息流

4.4　大数据时代图书馆个性化智慧服务研究

4.4.1　大数据为图书馆个性化智慧服务提供数据和技术支撑

　　大数据作为国家基础性资源已上升为国家战略,加快大数据部署,深化大数据应用,对提高经济社会运行效率具有重大意义。党中央、国务院高度重视大数据的发展和运用,自十八大以来相继制定和颁布了《数据安全法》《个人信息保护法》等法律法规,出台了《促进大数据发展行动纲要》(以下简称《纲要》)、《"十四五"大数据产业发展规划》等政策文件,全面推进大数据的发展工作。《纲要》指出,数据已经成为国家基础性战略资源,大数据正日益对全球的生产、流通、分配、消费活动以及经济运行机制、社会生活方式和国家治理能力产生重要影响。大数据和数据技术在公共文化服务领域的应用不仅可以提供精准的服务,还可以通过其强大的关联、分析和预测功能为社会个体和群体提供画像。各行各业都高度重视大数据建设,要提高数据的积累,培养用数据说话、用数据管理、用数据决策、用数据评价的大数据思维。运用大数据分析来解决公共文化服务中的问题,有助于未来图书馆进入新时期的高质量发展,并成为高校智慧图书馆个性化智慧服务模式创新的重要途径。

　　大数据时代传统图书馆的信息服务面临一些不利因素。具体包括用户获取信息的方式和传统图书馆服务模式之间差异较大,以及信息的数量和格式变化给图书馆的处理带来了巨大挑战。下面从三个方面进行分析。

（1）用户的流失

在满足用户需求方面,由于传统高校智慧图书馆互动性较低、服务针对性不强等因素的影响,用户流失现象十分明显。传统图书馆服务模式下,用户需要花费较长时间借阅图书馆馆藏文献资料,用户获取信息的途径较为被动。而在大数据时代,依赖于互联网技术,用户获取信息的途径变得更加多样和便捷。许多用户更倾向于使用各种门户网站和终端应用程序来访问电子资源平台,而使用图书馆进行资源获取的用户人数逐渐减少。另外,图书馆的资源检索方式相对较为专业,用户在使用时需要掌握一定的检索方法,这也是导致用户数量减少的主要原因之一。

（2）信息服务模式面临的机遇与挑战

图书馆服务能力受多个因素影响,馆藏文献种类、服务承载能力、地理位置、顶层设计等都会对图书馆服务效能发挥造成影响。当前高校智慧图书馆与新媒体平台相比存在以下短板:信息传播及时性不强、用户交流反馈不充分、服务地域和时间有局限、影响力建设亟待提升等。同时,在开展社会宣传教育、网络舆情分析和个性化智慧服务等方面,高校智慧图书馆与新媒体平台存在较大差距。信息服务观念不足导致图书馆过去更注重资源建设而忽视用户服务。随着时代的发展,图书馆意识到服务的重要性,开始开展参考咨询、我的图书馆、移动图书馆、科技查新等服务。受传统服务意识影响,加上服务时间较短,目前图书馆服务深度不够、质量相对不高,没有真正体现服务至上的理念。因此,要想提供个性化智慧服务,需要加强信息服务的观念。

个性化智慧服务重点强调服务的个性化和智慧化。当前个性化服务特征不够明显,高校图书馆所提供的仅仅是简单的信息推送,服务程度较低。图书馆将用户视为一个群体,提供共同服务,忽视了用户信息需求的个性差异。用户搜集到的信息不能直接利用,还需要进行二次加工才能获得正确的信息。高校图书馆为了提供高效的个性化智慧信息,需要收集并分析用户的信息需求,加强主动服务意识。因此,必须利用好大数据技术,以提升图书馆信息服务内容的全面性、时效性和针对性。同时突破图书馆服务受时空限制的局限,开启全天候服务模式,增加信息传播内容的时效性,让用户能够形成新闻搜索导向,增强与用户的交互,吸引用户积极提出图书馆相关工作的建议和意见。这将促进图书馆向科技技能、社会交流、多元文化、政务信息综合服务模式转变。

隐私保护是图书馆个性化智慧服务发展中的重要内容。图书馆在为用户提供个性化智慧服务过程中,应时刻注意信息安全,防止泄露用户隐私,避免用户对图书馆失去信任。保证个性化智慧服务系统网络的隐私安全可靠性,是个性化智慧服务顺利进行的基础。

（3）先进信息技术的吸收和利用

大数据时代,图书馆提供服务的深度和广度有了很大的改变。通过互联网可以实现海量数据的传输和存储。同时,信息技术的不断升级也为图书馆与外界之间的合作创造了广阔的空间。图书馆之间可以通过交换馆藏经典文献的方式增强重要典籍的流动和共享,从而以较低的成本丰富自身资源的同时吸引更多的用户。传统图书馆应该充分利用大数据时代带来的优势和便利,积极吸收先进信息技术并加以运用。

大数据时代,用户不仅是信息的消费者,也可以是信息的生产者。信息的数量不断增加,且形式也愈发丰富,已经从传统的以文字和图片为主转变为包括音频、视频等多媒体格式的整合。随着科技的进步,信息交流的成本逐渐可以忽略不计。图书馆应努力吸收这种信息资源的效能,进一步丰富信息内容和维度。

大数据时代,网络通信基础设施和科技互联为信息资源共享提供了支持。高校智慧图书馆应充分利用先进的信息技术手段提升服务水平,以更好地适应时代发展的需要,同时,应积极主动地为用户提供合适、个性化的信息服务,特别是注重用户个性化智慧服务的需求。

4.4.2　大数据背景下图书馆个性化智慧服务建设

（1）大数据用户的个性化智慧需求呈现新特点

在大数据时代,用户对图书馆信息服务的需求已经呈现出新的特点。用户不再只局限于定向的信息查询,而更加注重图书馆为他们带来的便利。他们希望通过图书馆获取更加丰富、及时、先进的信息技术和生产生活知识,以提升自身的竞争力。图书馆应该注重满足用户的个性化需求。可以通过分析大量用户数据,发现其中隐藏的客观规律,并构建能够满足用户需求的深层次信息类型。同时,还应主动打造个性化智慧数据,定期和分时传送,使用户能够接收到个性化信息。

(2)积极构建大数据时代图书馆个性化智慧服务模式

为了解决大数据时代传统图书馆所面临的困境,提升用户的活跃度和留存度,降低用户的流失率,我们需要在构建个性化智慧服务方面进行创新性的研究和探索。例如通过搜索引擎工具分析用户使用图书馆信息服务时的痕迹、网页访问频率及停留时间等信息要素,进而对数据进行深度挖掘与分析,描述用户潜在需求,提供针对性的信息推送,为用户信息需求判断提供决策参考,提升用户的体验感和满意度。另外,还可以采用图书馆"无账户登录"的模式,减少用户申请使用资源的障碍,与用户进行有效沟通,提高用户的活跃度和留存率。此外,将日常的基本服务类信息长期免费推送给用户,也能提升服务的存在感,增加用户的使用频率和时长。同时,寻找推广平台,与各大互联网平台合作,开展联合推送服务,可以扩大服务的用户群体。这些措施可以积极构建大数据时代图书馆个性化智慧服务模式。

(3)突出地方图书馆特色,彰显个性服务

图书馆服务要紧密结合地方文化特色,打破与其他地方图书馆雷同的建设方式。不仅要致力于馆藏文献的品质、数量和种类,同时要有全局性大数据思维,努力破解用户使用资源过程中的难点和痛点。信息化时代用户面对海量的数据资源,虽然原料丰富,但是去粗取精的过程需要人工识别和查找,信息定位效率不高,导致用户需要花费大量的时间和精力。因此,图书馆一方面应注重研究用户行为特点,分析交互数据,挖掘和利用用户数据,提高个性化智慧服务水平,另一方面,通过大数据提取有价值的信息,建立分层分类的个性化智慧用户模型,将用户根据需求分为科研人员、普通人群和特殊用户,也可以按照使用频率将用户划分为固定用户和流动用户,从而有针对性地提供不同的服务。

在图书馆的用户分类模型中,比较常见的是利用模糊聚类分析技术,对图书馆业务系统数据进行挖掘、分析。有的图书馆利用关联分析算法,挖掘用户所使用的文献资料之间的关联规则和比例关系,判断用户的职业及可能需求的资料,进而主动为其推送可能需要的信息资源。有的图书馆通过智能服务终端动态采集用户信息,智能预测用户潜在需求。还有的图书馆根据用户需求量较多的事项增加导引信息或弹窗,帮助用户快速寻找所需信息。

(4)构建资源链接智能化搜索

目前图书馆推送信息方式多为单向信息推送,且资源类型较为单一。未来,应对各种数据进行表述和分类评价规范化预处理,构建信息血缘图谱,增强信息链接关联性和扩展性。未来构建的资源链接个性化智慧服务系统,核心原则是为充分满足用户个性化智慧信息需求,提供相关的、精准的推荐。推荐的信息可以利用大数据平台技术进行实时计算,信息更为及时和高效。同时,图书馆要为用户提供有效的馆际互借服务和信息检索等技术培训。

图书馆个性化智慧服务的核心价值是利用一切管理和技术手段,保障信息资源寻求者都能根据自己的需求找到相应的信息,提升信息和需求之间的匹配程度和服务的精准性。

(5)多维度构建个性化智慧服务

大数据时代图书馆建设中应注重以下原则。第一,专注于日常服务属性,要尽量将服务融入日常生活,充分利用移动终端建设专项服务。第二,专注于政策事务引导,应注意与各级各类官方信息媒体对接,引导用户日常行为。第三,专注于基础技能提升,信息化社会人群竞争激烈,知识密集型行业需要人员不断学习,更新升级知识认知,图书馆应帮助用户强化劳动技能。第四,专注于战略性需求,集中力量完成智慧社会建设、城市数字化治理、数字丝绸之路等方面的文献资料建设,为政府相关部门决策提供智力支持。未来图书馆应按照以上原则分层分类建立个性化智慧服务模式,包括标准版个性化智慧服务模式、升级版个性化智慧服务模式和智慧版个性化智慧服务模式,最终形成信息互通、政务查询、社交流、智慧生活和技术普及的五位一体服务平台。标准版个性化智慧服务平台致力于单向输出信息,交互性不强,由图书馆挖掘、整合个性化信息,线上推送给用户;升级版个性化智慧服务模式致力于初级的双向互动,由图书馆根据用户需求,挖掘、整合个性化智慧信息,通过线上或线下推送给用户;智慧版个性化智慧服务模式致力于动态、全效的互动方式,使图书馆和用户形成闭环,全程、全域、全效地为用户提供个性化信息服务,同时根据用户行为和需求定制新的个性化信息。

大数据背景下,图书馆个性化智慧服务既面临机遇也面临挑战。为了进一步提升图书馆的信息资源整合、数据资源利用和数据资源再造能力,图书馆需要建立大数据意识,强化大数据思维,应用大数据工具,并发挥大数据的优势。这样可以构建一个以弥合数字鸿沟为基点,以助力经济发展和提升大众素质为两个重要目标的图书馆个性化智慧服务模式。

大数据时代,图书馆个性化智慧服务能力的提高需要以数据作为支撑,通过数据分析,提升信息匹配针对性,改善用户体验,促进个性化智慧服务模式创新发展。近十年来,图书馆服务模式和实施架构有了很大提升,打破了传统模式对阅读内容、服务对象、阅读时间和空间的约束,逐步向网络化、智能化、个性化方向发展。大数据时代,信息呈几何形式增长,高校图书馆信息资源越来越丰富,信息类型也越来越复杂,导致用户在信息检索时遇到更多问题,需要图书馆合理利用大数据技术改善信息检索引擎,使用户得到针对性强、准确率高的个性化智慧信息。

个性化智慧搜索是个性化智慧服务重要工具之一,大数据环境下搜索引擎不仅拥有智能人机对话功能,还具备语义分析能力。用户在进行信息检索时,大数据挖掘技术根据用户信息行为数据,分析得出用户实时信息需求和潜在信息需求,然后搜索引擎在保证信息全面的前提下提高信息准确率,将用户搜索相关信息按相关度主动推送给用户。图书馆除了应满足用户智能化搜索需求,还要满足用户个性化智慧移动搜索需求,需要搜索引擎具备实时自动更新能力,根据用户当前的信息行为得出用户信息需求的变化动态,及时修正用户信息需求模式,从而提高个性化智慧服务质量。

4.4.3 大数据的图书馆个性化智慧服务用户行为分析研究

图书馆利用大数据技术可以从大量复杂的用户信息数据中挖掘潜在价值,建立图书馆各项业务发展的风险模型预测,并根据用户行为信息分析用户的价值取向和流失原因等,帮助图书馆建立用户需求资源库以及智能化搜索引擎等。技术的应用前提是图书馆首先需要收集大量的数据资源,并在安全可靠的环境下对信息进行深度挖掘和处理,借助个性化智慧服务系统来实现这一目标。

（1）大数据提升图书馆个性化智慧服务发展

图书馆个性化智慧服务需要依赖大数据技术对海量数据进行及时准确的分析。信息化时代读者用户的个性化智慧需求通常体现在检索内容呈现出个体的差异化需求,不同于传统检索方式,大数据技术可以将用户检索的历史数据进行收集、汇总、分析,设立针对个人的历史查询和关键词检索的选择,形成历史记录,用户未来检索相似文献资料时,可以通过历史记录快速进行检索。此外,更为重要的是通过大数据分析读者行为模式,包括阅读领域、阅读习惯、检索行为以及信息需求等,图书馆构建用户个性化智慧检索模型。

（2）利用大数据分析进行个性化智慧推荐服务

个性化智慧检索模型建立的目的是根据服务人群的个性化智慧需求特点,将用户需求与信息资源进行匹配,从而提供个性化智慧推荐服务。通过大数据技术对用户需求和信息联系规则进行关联模式匹配,获得两者之间内在的关系。利用所建立的关联规则,进一步选择适合的分类算法,再利用分类算法对用户历史行为数据进行分类,形成用户类别。为不同类别的用户推荐相应的信息资源,从而完成图书馆个性化智慧推荐服务的构建。大数据技术可以用于用户行为的分析和用户类别的划分,其中对用户需求、阅读习惯以及文献流通情况的挖掘,是实现图书馆个性化智慧服务的基础和关键。大数据技术主要针对用户历史行为的相关数据进行分析,建立基于统计分析形成的自动分类模型,以建立的指标为参照依据,对图书的借阅记录进行监控,然后将指标进行聚合,从而分析和挖掘读者特征行为。具体来说,就是将已完成的信息数据在事务系统的辅助下批量导出,再利用关联规则来挖掘和分析潜在内容,最后挖掘出的内容相当于由关联规则主导的管理体系,而历史数据与当前数据的关系就能由此获知,这种情况下形成的行为分析一定具有关联性。

（3）图书馆个性化智慧学科知识服务

图书馆存在的意义是为不同人群提供所需的文献资料,并同时给予检索等服务。所以,图书馆要先了解读者的实际需求,根据其需求在不同学科领域内设立跟踪服务,针对学科知识,构建服务体系。在应用该体系的过程中,挖掘和分析用户的个性化智慧行为,获取每个用户的历史数据,再根据历史数据分析出其所在学科领域,针对其学科类型推送相关内容,帮助用户尽快找到自己所需要的文献,由此提高检索效率。

(4)构建科学的读者行为预测大数据环境

预测和分析用户的需求,关键在于收集有效的用户行为数据,以提高用户的满意度和忠诚度。图书馆应从整体出发,通过监控设备、读者反馈系统、读者论坛、搜索引擎等来收集与读者相关的行为数据,尽可能避免数据收集的盲点,并确保数据的有效性、及时性和完整性。此外,图书馆还应与相关服务商建立合作关系,以用户为中心,完成数据采集。为保证读者行为数据的安全性和可用性,图书馆可以通过分析用户的行为数据来了解用户的阅读内容、地理位置、登录终端以及登录账号等信息。但要注意,为了保护用户个人隐私,必须确保用户行为数据的安全性。

(5)重点突出读者阅读行为数据挖掘的知识关联分析

通过对用户行为数据中的关联性进行分析,可以发现不同用户之间的行为联系,了解用户的服务需求和阅读习惯,进而有利于制定用户服务策略。图书馆可以通过交叉式关联分析来研究用户的阅读频率、时间地点、习惯爱好、热点关注度、关键词关联性等方面的信息。

(6)精准预测读者行为和服务

图书馆可以通过用户的论坛评论、兴趣爱好、浏览记录和阅读行为等数据来定位用户的阅读情绪并划分读者群体,提供个性化智慧服务来提升读者的满意度和愉悦感。此外,图书馆还可以利用用户的阅读情绪、反馈信息、论坛评论等数据,来描绘用户近期的阅读需求和情绪轨迹,从而对用户未来的阅读情绪、阅读需求和情感倾向进行准确预测,并制定相应的策略,例如提供质量保证服务,以增强用户的忠诚度和满意度。

4.4.4　大数据用户画像视角下个性化智慧推荐服务

大数据时代,网络信息量急剧膨胀在为人们带来便利的同时,也造成了信息使用上的困扰。许多用户很难在海量信息中区分出可利用的信息资源,这就是信息过载现象。为了解决信息过载带来的负面问题,各行业的研究者开始不断探求新的方法。目前,以"百度"等为代表的搜索引擎和以"天猫"等为代表的推荐系统是两种较为有效的工具。对于搜索引擎而言,用户在引擎内输入想查找的词条,后台便会在庞大的数据库中提取相关信息,实现方便快捷的检索。而对于推荐系统而言,系统会根据用户留下的痕迹,分析计算数据,主动提供与用户兴趣偏好相似的内容推荐。相比之下,搜索引擎为每一位用户提供的内容是相同或相似的,而推荐系统则根据用户的需求和兴趣进行个性化定制,更符合用户多样化、差异化的需求。在人们追求个性化智慧服务的过程中,推荐系统越来越受到用户的青睐。与此同时,用户画像与推荐系统的组合也成为目前学界研究的重要方向之一。

用户画像最早在营销领域崭露头角,主要用于辨识用户类型、制定营销策略等方面。随着研究的不断深入,结合多种算法并不断升级的用户画像技术在整合用户数据、刻画用户形象、满足用户需求等方面的作用逐渐凸显,因此被广泛应用到多个行业领域。最早解释用户画像概念的是 Alan Cooper,他将用户数据进行抽象表达,建立用户模型以表达出用户的鲜明特征。在微信正式上线之前,郑宝鑫等人就曾借助计算机技术和用户画像技术对微信软件进行宣传推广,取得了意想不到的积极效果。伴随着互联网的飞速发展,以数据为基础的用户画像技术在各行业中受到广泛欢迎。该技术在近年来的优化过程中,已经从传统的简单数据文件收集转变为多元复杂的用户数据模型,从而为各行业创造出巨大的价值。

以短视频为例,用户在短视频内留下的一切痕迹,包括点赞、评论和转发等行为,都会被平台记录。平台根据这些数据推荐给用户他们感兴趣的内容,并且用户可以引导平台推送更多优质内容。这样一来,平台可以根据用户需求制定策略,提高用户体验感和满意度,进而极大地推动了用户数量的快速增长。

作为一个关注用户需求、以服务有效性为驱动的新工具,用户画像通过对用户信息进行分析,将用户特征以可视化的形式呈现出来,为个性化智慧推荐服务提供新的见解、思路和方式。用户画像通过提取隐藏在用户行为痕迹中的信息,创建用户的抽象模型,以了解不同的用户特征和兴趣,从而在多样的应用场景下满足用户特定的信息需求,有效地搭建用户需求和资源信息之间的桥梁。因此,本书将用户画像引入到图书馆用户个性化智慧推荐服务的研究中,为图书馆行业深入了解用户需求、加强用户管理、改善用户体验提供了一定的理论支持和实践借鉴。

笔者通过整理国外相关文献发现,对于用户画像的研究主要可以分为两种类型:

一是模型的构建。国外学者对用户偏好进行预处理,利用处理后的数据建立数学模型,该模型可以根据用户的偏好进行更新。他们通过对用户画像模型的运算,发现用户的性格与其人际关系的活跃程度密切相关,性格开朗的用户表现出积极活跃、乐于社交的特点,而性格内敛的用户则表现出沉默寡言、不善言辞的特点。通过对经常到图书馆借阅的用户进行走访调查,整理出包括用户的工作背景、经济收入、借阅时间、借阅情况等信息,并利用用户画像技术对用户进行分类和描述,以指导图书馆的未来发展策略。有学者通过解释网络环境对资源搜索时间和搜索质量的影响,将社科类工作者日常搜集资源信息的行为转化为基础数据,建立了用户画像模型,该模型可以反映出他们对资源信息多样化的需求。还有学者利用计算机技术和数据挖掘等理论知识,记录了在不同时间段内到图书馆借阅图书的用户数据,并了解用户的阅读兴趣,根据这些数据勾勒出了图书馆用户的轮廓,并对不同类型用户的特征进行了描述。与以往不同的是,该画像还融合了用户信用模块,丰富了模型的架构。建立图书馆用户心理模型,分析用户的角色特点和心理特征,可为图书馆的运营提供启示。

二是模型的应用。有学者应用系统中的用户数据,建立了用户兴趣与偏好模型,并通过运算结果对用户进行分类,以适应用户需求的变化。

有学者对微博上粉丝数量较多且活跃的用户发布的话题进行分析,利用数学建模的方式给出了用户兴趣的概率分布特征,该模型可以通过分析用户过去的话题来预测用户兴趣的未来发展趋势,但当用户行为不活跃且发布话题较少时,该概率分布模型就不再适用。

在 2015 年之前,我国对于用户画像的研究相对较少,国内学者对"用户画像"的探索主要集中在营销领域,这一阶段被称为"初探期"。而在 2015 年之后,国内关于"用户画像"的文献研究逐渐增多,并且一直保持增长趋势,应用领域也越来越广泛,例如社交媒体、图书馆、知识发现等,我们将这个阶段称为"发展期"。

　　笔者通过整理国内相关文献发现,对于用户画像的研究主要可以分为三种类型。

　　一是理论探索。王宪朋在针对视频领域用户画像探索时提出完整的用户画像创建应包含三个基本步骤:首先,用户数据资源是搭建用户画像模型的基本要素,数据的获取来源要能够准确地描述用户行为,这是建模的前提条件;其次,数据清洗完成后,要对数据进行标签化处理,标签和权重大小的设定要与用户实际状况相对照,这是将用户行为文本转化为数据信息的关键;最后,创建的用户画像模型要能够有效表达用户偏好,并以可视化的方式展现出来。余孟杰提出从群体的定量分析再到个体的定性描述,画像的实现需要依托计算机技术和数学方法构建模型,为研究人员提供了一种分析框架和思维指导。刘海等人从营销的角度出发对用户画像进行定义,认为消费者的性格、购买记录等零散的信息可以全面地反映消费者需求,记录消费者的数据就是"用户画像"。郭光明将一组准确而精炼的用户特征描述定义为用户画像。胡媛等人认为,采用聚类、分类等技术对用户数据信息进行处理,向用户展示能够反映用户特征的图像称为用户画像。吴加琪提出用户画像是大数据时代精准服务的重要工具,图书馆行业应以更开放的视角,进一步深入开展用户画像的理论研究与实践探索。

　　二是用户画像模型构建。陈慧香等人汲取国外用户画像研究的成果与经验,从含义、要素、算法、模型、应用等方面阐述用户画像,为国内图书馆行业画像研究提供借鉴。吴智勤从人口属性和用户科研属性两个方面提出图书馆科研人员用户画像模型构建方法。薛欢雪通过调查和数据采集,创建有关学科服务的画像模型,并提出图书馆服务创新理念。陈丹、柳益君等人将用户画像技术引入图书馆智慧化服务领域,建立智慧化服务画像模型的框架,并对每一层次的相关内涵进行阐释,通过用户画像技术可为用户或其科研团队量身打造差异化知识服务、向用户推荐其感兴趣的书籍以期增强阅读推广效果,提供不同场景时段下的个性化智慧服务,主动为用户定制阅读内容。杨帆选取国家图书馆主要业务系统中存储的数据作为数据来源,通过迭代分析技术对读者数据和资源数据进行层层筛选,删除数据中的噪声,从而构建出基于读者属性和资源属性的标签体系,这些数据分析的结果为国家图书馆的资源建设与服务管理提供了思路。

三是推荐服务研究。费鹏等人针对电力能源消费者往往对用电量、单价等各项成本费用反映强烈的问题,通过对消费者消费特点的深入提取,构建起多元视角下的用户画像模型,可以迅速识别出对费用敏感的消费者,对提升服务质量起到积极作用。王洋等人把收集到的数据分析汇总成数据集,然后通过改进后的算法对数据集合进行运算,从而创建用户画像模型,助力企业更精准地实行差异化服务。黄文彬等人利用通信网络数据,构建动态用户画像模型,可以展示用户日常活动和出行状况。陈添源经过调研分析,从用户心理角度出发对高校移动图书馆用户特征进行重新划分,然后运用数学方法建立画像模型,针对画像结果展开差异性和个性化智慧的服务。

对用户画像做出特点研究,国外学者 David Travis 经过长期探讨,指出用户角色需符合下述 7 个元素,并用 PERSONA 进行表示。其中 P 是指"Primary research",即基本忹,这表明用户角色需要满足真实用户群体对应的情景。E 是指"Empathy",即移情性,这表明用户角色需确保用户基础信息可以得到呈现。R 是指"Realistic",即真实性,这表明对于每日与用户进行交流的人而言,用户角色需具备真实性。S 是指"Singular",即独特性,这表明用户之间存在一定独特性,较少存在显著相似性。O 是指"Objectives",即目标性,这表明用户角色需要考虑如何为产品营销带来更为合适的目标,并运用关键词等方式对目标做出表述。N 是指"Number",即数量,这表明用户角色需具备一定数量,这一方面可以确保设计团队了解用户角色基础信息,另一方面能够对主要用户角色做出梳理。A 是指"Applicable",即应用性,要求设计团队结合用户角色完成设计决策,确保设计方向可以满足实际需要。

梁荣贤在其文章中指出,用户画像具备客观性、动态性以及应用性等特点,能够满足市场经营主体的需求。宋美琦认为用户画像不仅能够呈现出标签化,同时也具有时效性和动态性的特点。在新经济形势下,大数据技术得到了全面推广,这意味着用户画像需要展现出更多时代元素。本节研究结果表明,在数据驱动模式下,智慧图书馆的用户画像需满足以下几个特征。

（1）可迭代性:用户画像涉及的内容较多,可以在数据关联和客观呈现的基础上,对用户数据信息进行标签化处理。这些数据通常可以分为静态和动态两类。智慧图书馆对应的用户静态信息主要包括姓名、联系方式和用户 ID 等,能够呈现出用户的基础属性内容,因此相对稳定;用户动态信息主要包括点击、浏览、阅读和下载操作等,能够反映用户的行为活动和与智慧图书馆之间的交互,且会随时间而不断积累。因此,用户画像也会呈现出动态发展的趋势,这意味着用户画像并非固定不变。智慧图书馆对应的用户画像需要满足可迭代性要求,结合用户实际需求和操作行为及时更新用户画像,并以此为基础优化服务方式。

(2)时效性:受学习计划变更、认知加深、外部环境变化、时间约束等影响,用户的兴趣会发生变化。即使对于同一项内容,用户的兴趣程度也会随着时间推移而提升、下降。这意味着用户画像需要具备时效性特点。对于智慧图书馆而言,用户画像可以视为某个时间段中目标用户的立体刻画,因此在一定时间内具备效果。精准动态模式下的用户画像模型需要即时跟踪用户兴趣动态,并完成相应的兴趣漂移,从而快速了解用户兴趣变化,使得用户画像可以得到针对性的更新。如果用户画像更新缓慢,其价值也将受到影响。

(3)交互性:智慧图书馆在运行过程中与用户群体之间进行数据交互,这是用户画像构建的基础。当用户与智慧图书馆进行交互时,能够持续形成大规模的数据。这些数据可以提高用户画像的客观性和有效性。用户画像可以充分挖掘用户数据中的价值,使得用户信息得到充分呈现,否则可能会与用户实际情况存在差异。因此,智慧图书馆需要加强信息反馈能力,并支持用户对用户画像结果的反馈,从而进一步优化用户画像结果。

(4)聚类性:尽管用户之间存在一定差异,但也具有共性。在共性的作用下,可以存在聚类同质化的用户群体。因此,用户画像需要反映数据背后的用户共性特点。这就要求智慧图书馆对用户涉及的数据信息进行分析和整合,从而了解用户的操作习惯、兴趣、参与倾向和影响力等,并对目标用户群体进行分类,获得用户群体画像。通过对用户进行分级管理,智慧图书馆可以提升用户管理效果,为不同用户群体提供针对性的服务,并提升信息推送的精准度。

用户画像对应的构建流程可分成下述三个主要步骤:

第一步,数据的收集。用户数据通常被认为是用户画像流程的基础所在。对于用户画像整体构建而言,用户数据的全面程度与用户画像的真实程度之间存在正向关联。学术界已有不少研究对于数据采集的具体方法进行了探讨,相关的研究方向也较为丰富。柳益君在其文章中提到,用户数据可以根据实际特征分成显式行为、隐式行为、个体信息、社交信息等多个方面。然而,现有研究对于用户群体数据是否真实、客观的探讨较少。例如，视频网站平台的可能存在多人共同使用一个账号的情况，这会导致兴趣倾向、行为等出现偏差，从而使得用户画像构建缺乏足够的客观性。

第二步，数据的处理。在用户画像构建流程中，数据挖掘和过滤是关键环节。用户画像能够通过对用户数据的价值获知，为个性化智慧服务带来帮助。国内外研究人员对此进行了一定的探讨。例如，Cooper M. D. 以休斯敦大学数字图书馆为案例，对不同类型的用户群体进行了分析，指出看似复杂无序的信息之间能够呈现出用户操作规律。Skillen K. L. 认为移动终端设备中的日志数据能够为数据价值挖掘提供参考。陈丹在研究中发现大数据技术可以为用户画像提供标签，从而有效地推动用户画像在实践中的高效运用。通过文献梳理可以发现，大多数研究侧重于用户行为、关系网络、兴趣偏好等方面，对于数据过滤和清洗的关注较少。

第三步，标签的提取。标签是用户特征的抽象表示，标签的提取对用户画像最终结果的影响十分显著。在相同的数据条件下，不同的标签或者标签权重都有可能导致画像结果产生差异。普遍认为，标签是对收集到的用户数据进行分析整理，将用户特征用简短、凝练的词语进行的标识。同时，用户偏好表现得越明显，对应的标签出现的频次也会更高。国内学者对标签的类型也提出了各自不同的见解。

第5章 智慧图书馆数据资源库
建设与数字化阅读平台运营

5.1 数据资源库的概念和特点

5.1.1 数据资源库的概念

（1）定义与含义

数据资源库，也被称为数字图书馆或电子图书馆，指的是一个集中储存、管理、提供图书以及其他相关学术资料的电子形式，并供用户在线检索、获取和使用的系统。这些资料不仅包括纸质书籍的电子版，也包括电子期刊、研究报告、论文、多媒体资料等。图书数据资源库不受地理位置和时间的限制，用户可以随时随地访问到丰富的信息资源，大幅提升了图书馆的服务效率和用户的学习研究效率。

（2）发展历程

数据资源库的发展历程可以追溯到 20 世纪 60 年代，当时计算机技术的发展使得信息的电子化存储和检索成为可能。早期的数据资源库主要是一些学术机构为了方便内部研究而建立的电子文献数据库，如 MEDLARS 系统就是最早的生物医学文献数据库。

随着互联网的发展，20 世纪 90 年代初，数据资源库开始以网页的形式提供服务，使得更多的用户可以通过网络访问到电子资源。

进入 21 世纪,随着技术的进一步发展,数据资源库开始提供更多的服务,如个性化智慧推荐、社区互动等。同时,开放数据的理念也使得越来越多的数据资源库将数据公开,供用户自由使用。

今天,数据资源库已经成为学术研究、教育、公众学习等不可或缺的工具,大大促进了知识的传播和利用。

5.1.2 数据资源库的类型

（1）按照数据性质分类

数据资源库可以根据所收藏的数据性质进行分类,不同类型的分类有助于更好地满足用户对不同资料类型的需求。

文献型:这种类型的数据资源库主要包含各类文献资料,例如电子书、电子期刊等。比如,中国国家数字图书馆提供了大量的文献资料。

图像型:图像型数据资源库主要收藏图片、摄影作品和艺术作品等图像资料。例如,美国国会图书馆的 Prints & Photographs Online Catalog 就是一个典型的图像型图书数据资源库。

音频型:音频型数据资源库主要收藏音乐、语音、讲座等音频资料。例如,欧洲的 Europeana 音频库收藏了大量的音频资料。

多媒体型:多媒体型数据资源库综合收藏各种媒体资料,包括文献、图像、音频、视频等。例如,美国国会图书馆的 American Memory 项目就是一个典型的多媒体型图书数据资源库。

（2）按照服务对象分类

数据资源库也可以根据其主要服务对象进行分类,这样的分类方式有助于提供更具针对性的服务。

学者型:这种类型的数据资源库主要面向学者,提供丰富的学术资料,支持复杂的检索需求。例如,JSTOR 就是一个典型的学者型数据资源库。

学生型:学生型数据资源库主要面向学生,提供适合学习和研究的资料,支持简单易用的检索方式。例如,EBSCOhost 学生研究中心就是一个典型的学生型数据资源库。

公众型:公众型数据资源库主要面向公众,提供各类通俗易懂的资料,支持简单直观的检索方式。例如,许多高校智慧图书馆会提供这样的数据资源库。

需要注意的是,上述的分类方式并不是绝对的,很多数据资源库可能会涵盖多种类型的资料,并为多种类型的用户提供服务。

5.1.3　数据资源库的特点

(1)数据丰富

数据资源库的第一个重要特点是具有数据丰富性。这主要体现在两个方面:资源类型的多元化和数据存储的大量性。

资源类型的多元化:在数据资源库中,用户可以找到各种类型的资源,包括文本、图像、音频、视频等。这些资源不仅包括各种电子书、电子期刊,还包括数据库、研究报告、学位论文、会议论文、政府文件、专利、标准、地图、音乐、电影等。这种资源类型的多元化,使得图书数据资源库能够满足用户多样化的信息需求。

数据存储的大量性:随着信息技术的发展,数据资源库的存储能力得到了极大提升。现在的数据资源库可以存储大量的数据,不仅包括文字和图片,还包括音频和视频等大数据。这种数据存储的大量性,使得数据资源库能够为用户提供丰富的信息资源。

(2)易于访问和使用

数据资源库的第二个重要特点是具有易用性。这主要体现在两个方面:用户友好的界面设计和便捷的检索系统。

用户友好的界面设计:数据资源库通常会采用用户友好的界面设计,使得用户可以容易地找到所需的信息。这种界面设计通常包括清晰的导航菜单、直观的资源分类、易于识别的图标等。

便捷的检索系统:数据资源库通常会提供便捷的检索系统,使用户可以快速地找到所需的资源。这种检索系统通常支持多种检索方式,如关键词检索、分类检索、高级检索等。此外,检索系统还会提供各种辅助功能,如拼音输入、自动补全、相关推荐等。

（3）动态更新

数据资源库的第三个重要特点是具有动态性。这主要体现在两个方面：数据的实时更新和用户需求的快速响应。

数据的实时更新：当有新的资源出现时，数据资源库可以迅速地收录这些资源，使用户可以及时地获取最新的信息。此外，数据资源库还可以根据用户的使用情况，动态地调整资源的排列和推荐，使用户可以更容易地找到所需的资源。

用户需求的快速响应：数据资源库通常设有用户服务部门，负责解答用户的问题，响应用户的需求。当用户在使用过程中遇到问题，或者有特殊的信息需求时，用户服务部门可以及时提供帮助。此外，用户服务部门还会定期收集用户的反馈，了解用户的需求变化，以便对资源库进行持续的优化和改进。

总的来说，数据资源库以其数据丰富性、易用性和动态性，为用户提供了便利的信息服务。随着信息技术的发展，我们有理由相信，数据资源库会变得更加完善和高效，更好地服务于用户。

5.1.4　数据资源库的作用和价值

（1）服务学术研究

比如提供丰富的数据支持、促进交叉学科研究等。

（2）提升图书馆服务能力

比如扩大服务范围、提高服务效率等。

（3）促进文化传播

比如保护和传承文化遗产、拓宽公众的文化视野等。

5.2　数据资源库的建设与技术支持

5.2.1　数据资源库的建设

（1）规划与设计

在建设数据资源库之前，需要进行深入的规划与设计工作。这个过程包括确定资源库的目标、功能需求和技术选型等步骤。

首先,确定资源库的目标非常重要。这包括为学者提供研究资料、为学生提供学习资源、为公众提供丰富的阅读内容等。确定目标后,可以进一步决定资源库的内容和功能。

其次,根据目标确定功能需求。例如,如果目标是为学者提供研究资料,那么搜索功能、引文追踪、高级筛选等是必要的功能。而如果目标是为公众提供阅读内容,那么推荐功能、阅读历史、书签等是需要的功能。

最后,根据目标和功能需求选择合适的技术。例如,如果需要存储大量的内容,需要选择支持全文搜索的数据库技术。如果需要提供复杂的筛选功能,需要使用支持多维查询的技术。

（2）资源采集与整合

在规划与设计完成后,下一步是进行资源采集与整合。在这个过程中,需要考虑版权问题、元数据标准和资源分类等因素。

首先,版权问题是非常重要的。在采集资源时,必须确保拥有合法的使用权。其次,元数据标准也是关键因素。元数据是描述数据的数据,如作者、标题、出版日期等。使用统一的元数据标准可以使资源库的内容更容易被搜索和管理。资源分类是另一个需要考虑的问题。合理的分类可以使用户更容易找到他们所需的资源。分类可以根据主题、作者、出版日期等进行。

（3）平台开发与实施

在资源采集与整合完成后,可以开始进行平台的开发与实施工作。在这个过程中,需要考虑软硬件配置、开发工具、测试与调试等因素。

软硬件配置需要根据资源库的规模和需求进行选择。例如,如果资源库规模很大,可能需要使用分布式存储和计算技术。如果需要提供快速的搜索服务,可能需要使用高性能的服务器和网络。

开发过程中选择合适的软件可以提高开发效率和质量,如编程语言、开发框架、版本控制系统等。开发工具。

测试与调试是开发过程中必不可少的环节。在功能开发完成后,需要进行详尽的测试以确保各项功能正常运行。测试内容包括功能测试、性能测试、安全测试等。在发现问题后,需要进行调试以找到问题的原因并修复。

(4)平台上线与运维

平台开发与实施完成后,下一步是进行平台的上线与运维。在这个过程中,需要进行系统测试、用户培训、维护与更新等工作。

系统测试是平台上线前的最后一道防线。需要对整个系统进行全面的测试,以确保在真实环境中能稳定运行。测试内容包括功能完整性、性能、安全、兼容性等。

用户培训是帮助用户熟悉和使用平台的重要环节。可以通过发布使用指南、举办线上或线下培训等方式进行。

维护与更新是平台上线后的常规工作。需要定期检查系统运行状况,及时发现并解决问题。同时,也需要根据用户反馈和市场变化进行功能的更新和优化,以满足用户需求。

总的来说,数据资源库的建设是一个涉及规划与设计、资源采集与整合、平台开发与实施、平台上线与运维等多个环节的复杂过程。每个环节都需要精心策划和执行,才能建设出一个满足用户需求、易于使用、可持续发展的图书数据资源库。

5.2.2 数据资源库的技术支持

(1)存储与检索技术

存储与检索技术是数据资源库的核心技术之一。其中,数据库技术是存储大量数据的基础。关系型数据库如 MySQL、Oracle 等被广泛应用于存储结构化数据,而非关系型数据库如 MongoDB、Redis 等则更适用于存储非结构化数据。

全文检索技术则是在大量文本数据中迅速找到相关信息的关键。例如,Elasticsearch 是一个基于 Lucene 的搜索服务器。它提供了一个分布式多用户能力的全文搜索引擎,基于 RESTful Web 接口。Elasticsearch 能够搜索各种类型的文档,并提供了很高的扩展性,使其成为处理大规模搜索的理想选择。

语义检索技术是通过理解查询的意图和数据的含义来提供更精确结果的技术。例如,利用自然语言处理和机器学习的技术,可以理解用户查询的真实意图,从而返回更加相关的结果。

(2)数据分析与挖掘

数据分析与挖掘是数据资源库的另一项核心技术。其中,用户行为分析是通过收集和分析用户在平台上的行为数据,来了解用户的需求和习惯,从而优化服务。例如,通过分析用户的搜索历史,可以了解用户的兴趣点,从而提供更加个性化的推荐。

推荐系统是通过分析用户的行为和兴趣,为用户推荐他们可能感兴趣的内容。例如,通过协同过滤、内容过滤、深度学习等技术,可以实现高效准确的推荐。

数据可视化是通过将数据转换为图形或图像,使用户更直观地理解数据。例如,通过数据可视化工具,可以将用户的行为数据、资源的使用情况等信息以图表的形式展现出来,帮助管理者更好地理解并做出决策。

(3)安全与隐私保护

安全与隐私保护是数据资源库需要重视的问题。其中,访问控制是通过设置权限,控制用户对资源进行访问。例如,可以设置不同的用户角色,如管理员、普通用户等,他们对资源的访问权限不同。

数据加密是保护数据不被未授权访问的重要手段。例如,对敏感信息如用户密码、个人信息等进行加密存储,可以有效防止数据泄露。

隐私政策是告知用户他们的数据如何被收集、使用和保护的重要文档。一个良好的隐私政策应该清晰、透明,并且易于理解,以便用户了解他们的权利和责任。

(4)互动与社区功能

数据资源库不仅仅是一个信息查询平台,更是一个用户交流和分享的社区。因此,提供丰富的互动和社区功能是非常重要的。

评论和评分功能可以让用户对资源进行评价,这对其他用户选择资源是非常有帮助的。例如,用户可以对图书的内容、质量、可读性等进行评价,这些信息会显示在图书的详细信息页面,帮助其他用户做出决策。

分享功能可以让用户将自己发现的优质资源分享给其他人。例如,用户可以将自己喜欢的图书分享到社交媒体,或者通过电子邮件分享给朋友。

社区建设是维护用户活跃度和增强用户黏性的重要手段。例如,可以通过设立论坛、举办活动等方式,让用户在平台上进行交流和互动,从而形成活跃的社区氛围。

总的来说,数据资源库的技术支持涵盖了存储与检索技术、数据分析与挖掘、安全与隐私保护、互动与社区功能等多个方面。这些技术的应用和发展,使得数据资源库能够更好地服务于用户,为其提供更优质的服务。

5.3 数据资源库的管理与服务

5.3.1 数据资源的管理

(1)数据质量管理

数据质量管理是数据资源管理的核心部分,包括数据的准确性、完整性和及时性等方面。首先,数据的准确性指的是数据是否反映了真实的情况,需要在数据采集阶段进行严格控制。例如,在采集图书数据时,要确保图书的名称、作者、出版社等信息正确无误。此外,数据的完整性也是非常重要的,对于图书数据而言,除了基本信息外,还需要尽可能收录图书的关键字、摘要、内容目录等信息,以提供更全面的检索和服务。数据的及时性指的是数据是否反映了最新的情况。需要定期对数据进行更新,如将新出版的图书加入资源库,及时更新已有图书的版本或修订内容。数据的及时性直接影响资源库的服务质量和用户满意度。为了有效进行数据质量管理,通常需要制定一套完善的数据质量管理制度和流程,包括确定数据质量标准、制定数据质量检查和校正方法、建立数据质量评价和反馈机制等。同时,还可以借助一些数据质量管理工具,如数据校验工具、数据清洗工具等,提高数据质量管理效率和效果。

(2)数据安全管理

数据安全管理是保障数据资源库正常运行的重要环节。首先,为防止数据丢失,需要定期对数据进行全量备份和增量备份,并将备份数据存储在安全的地方,以防止数据丢失。同时,制订应急恢复计划,确保能够在数据丢失或系统故障时快速恢复数据和服务。

其次,为防止数据泄露,需要对数据进行有效保护。采取防火墙、病毒防护软件等工具,防止外部攻击导致数据泄露。同时,在数据的传输和存储过程中进行加密,以防止数据被非法获取和利用。此外,还需通过访问控制、用户认证等手段,限制只有授权用户才能访问数据。

数据安全管理的实施需要全员参与和高度重视。通过培训和教育,提升员工的数据安全意识,营造良好的数据安全文化。定期进行审计和评估,及时发现和解决问题。

(3)数据更新管理

数据更新管理是确保数据资源库保持活力和价值的关键环节。首先,数据的更新需要定期进行,以保证数据的及时性。例如,及时收录新出版的图书数据,及时更新已有图书的版本或修订内容,以保证数据的及时性。

数据的更新不仅包括添加新的数据,也包括修改和删除旧的数据。例如,发现数据错误时及时进行修改,对于不再适用的数据如过时的图书,需要进行删除。在进行数据修改和删除时要小心谨慎,防止误操作引发问题。

为了有效地进行数据更新管理,需要制定一套完善的数据更新管理制度和流程,包括确定数据更新标准、方法和步骤,建立数据更新的记录和审核机制。同时,可以借助数据爬取工具、数据同步工具等自动化工具和技术,提高数据更新管理效率。

数据的维护是数据更新管理的重要组成部分,主要包括对数据的清理、整理和优化等。例如,对于冗余的数据,需要进行清理;对于混乱的数据,需要进行整理;对于低效的数据,需要进行优化。可以根据数据的实际情况和使用情况进行数据维护,以提高数据的质量和使用效率。

总的来说,数据资源管理是一项综合性、复杂性的工作,需要综合运用各种方法和技术,确保数据资源的高质量、高安全和高效率。同时,数据资源管理是一个持续的过程,需要随着数据资源库的发展和变化进行不断调整和优化。

5.3.2 数据资源的服务

（1）查询服务

查询服务是数据资源库的核心服务之一，为用户提供高效、准确的查询服务，需要做好以下几方面的工作：

①构建强大的检索系统

实现高效、准确的数据查询是检索系统构建的关键。在构建检索系统时，我们需要选择合适的数据库技术、全文检索技术以及语义检索技术等。通过这些技术的应用，用户可以通过关键词、分类等方式快速找到所需信息。

②设计友好的用户界面

用户界面的设计直接影响用户查询服务的体验。我们需要设计简洁、直观的界面，使用户能够轻松地进行检索和筛选操作。此外，还可以提供多种检索方式，如模糊检索、精确检索、高级检索等，以满足不同用户的需求。

③提供丰富的数据展示

数据展示的形式和内容直接影响用户对查询结果的理解和使用。我们可以提供多种展示方式，如列表、图表、地图等，以便用户快速了解数据的概要信息。同时，还可以提供详细的数据描述、元数据信息等，帮助用户深入了解数据资源。

④实现多平台、多设备访问

为了让用户在不同场景下都能方便地使用查询服务，我们需要实现多平台、多设备的访问。例如，通过响应式设计和开发移动端应用程序等方式，使用户能够流畅地使用查询服务。这样可以提高用户查询方式的便利性和灵活性。

（2）个性化服务

个性化服务是提高用户体验和满意度的关键因素。为了实现个性化服务，可以从以下几个方面着手：

①用户画像构建

通过收集和分析用户的行为数据、兴趣偏好等信息，构建用户画像。用户画像可以帮助系统了解用户的需求和习惯,从而提供更符合个人特点的服务。

②个性化界面定制

根据用户画像和设备特性,为用户提供个性化的界面定制服务。例如,可以让用户自由选择主题、布局、字体等,使界面更符合个人审美和使用习惯。

③个性化检索和筛选

在检索和筛选过程中,可以根据用户画像为用户提供个性化的建议和选项。例如,可以根据用户的检索历史、收藏夹等信息,智能地推荐相关的检索词和筛选条件。

④个性化数据展示

根据用户画像和数据特性,为用户提供个性化的数据展示。例如,可以根据用户的偏好和使用习惯,为用户推荐不同的数据展示方式;根据用户的知识背景,为用户提供不同层次的数据解读和说明。

(3)推荐服务

推荐服务是图书数据资源库的重要服务之一,通过利用数据分析和机器学习算法等技术,可以提供精准的推荐服务。具体包括以下几个步骤:

①数据收集

需要收集大量的用户行为数据和资源数据。用户行为数据包括用户的搜索历史、阅读历史、收藏、点赞、评价等;资源数据包括资源的内容、标签、分类、评价等。

②数据处理和分析

需要对收集到的数据进行清洗、转换、分析等处理,提取出有用的特征。例如,可以通过自然语言处理技术,提取出资源内容的关键词、主题等特征;可以通过统计分析,计算出资源的热度、评分等特征。

③模型训练和预测

需要利用机器学习算法,根据特征和用户行为数据,训练出推荐模型。推荐模型可以预测用户对未接触的资源的兴趣。常用的机器学习算法包括协同过滤、矩阵分解、深度学习等。

④推荐列表生成

根据模型的预测结果,为每个用户生成一个推荐列表。推荐列表中的资源,应该是用户可能感兴趣的,但尚未接触的。为了保证推荐的新颖性和多样性,推荐列表中还可以适当地包含一些热门的或者与用户历史行为略有偏离的资源。

⑤推荐效果评估和优化

推荐服务是一个持续优化的过程,需要定期评估推荐效果,如准确率、覆盖率、满意度等,并根据评估结果优化数据处理、特征提取、模型训练等环节,以提升推荐效果。

总的来说,提供高效的查询服务、个性化的服务和精准的推荐服务,是图书数据资源库服务的重要任务。实现这些服务,需要运用数据库技术、数据分析技术、机器学习技术等,同时也需要关注用户体验。

5.3.3 用户关系管理

(1)用户需求分析

用户需求分析是从优化服务、提高用户满意度的角度出发,对用户需求进行分析。用户需求分析可以从以下几个方面展开:

①用户行为数据分析

通过收集和分析用户在平台上的行为数据,如搜索记录、阅读记录、收藏记录、评价记录等,可以了解用户的兴趣偏好、使用习惯等,进而推测出用户的需求。例如,如果用户频繁搜索某个主题的资源,那么可以推测用户对这个主题有较高的需求。

②用户反馈收集和分析

收集和分析用户的反馈,可以直接了解用户对平台的需求和期望。反馈可以通过问卷调查、在线评价、用户访谈等方式进行收集。在分析时,应注意找出反馈中的共性问题和关键信息,以便于改进服务。

③用户画像构建

通过用户画像,可以更细致地了解用户的特征和需求。用户画像通常包括用户的基本信息、兴趣偏好、行为习惯等。例如,学生用户可能需要大量的学习资源,而研究员用户可能需要专业的研究报告。

（2）用户满意度评估

用户满意度是衡量服务质量的重要指标,对于提升用户忠诚度、增强平台竞争力具有重要意义。评估用户满意度可以采取以下几种方法:

①用户满意度调查

通过问卷调查、在线评价、电话访谈等方式,直接向用户询问对平台服务的满意度。满意度调查通常包括对平台整体的满意度,以及对各项服务的满意度,如查询服务、推荐服务、个性化服务等。

②用户行为分析

用户的行为数据是反映用户满意度的重要信息源。例如,如果用户频繁使用某项服务,那么可以推测用户对这项服务比较满意;如果用户在使用过程中频繁出现中断或退出,那么可能是对服务不满意。

③用户留存率和流失率分析

用户的留存率和流失率也是反映用户满意度的重要指标。高的留存率说明用户对平台服务较满意,愿意继续使用;高的流失率则可能说明用户对平台服务不满意。

（3）用户关系维护

用户关系维护是保持用户持续使用图书数据资源库、提高用户满意度和忠诚度的重要方式。以下是一些有效的用户关系维护策略:

①提供优质的服务

优质的服务是建立和维护用户关系的基础,这包括提供高效准确的查询服务、个性化的服务、精准的推荐服务等来满足用户的基本需求。

②建立有效的沟通渠道

与用户保持良好的沟通是维护用户关系的关键。可以通过设置用户反馈渠道,及时回应用户的问题和建议;发布服务更新和活动信息,让用户了解平台的最新动态;进行用户调查,了解用户的需求和满意度。

③提供个性化的关怀

根据用户的特性和需求,提供个性化的关怀,可以增强用户的归属感和满意度。例如,可以根据用户的兴趣推送相关的资源和活动;对于频繁使用平台的用户,可以提供额外的服务和优惠;对于长时间未使用平台的用户,可以发送关怀信息,询问他们的需求和问题。

④建立用户社区

用户社区是用户交流经验、分享资源、解决问题的重要平台,也是维护用户关系的有效方式。可以通过设置论坛、问答区等功能,鼓励用户参与社区的建设和活动;定期举办线上或线下的活动,如讲座、培训、比赛等,增强用户的参与感和归属感。

总的来说,用户关系管理是图书数据资源库的重要工作,需要通过用户需求分析、用户满意度评估、用户关系维护等多种方式,不断提升用户体验,满足用户需求,建立和维护与用户的良好关系。

5.3.4 数据资源库的推广与评估

(1)推广策略

为了提高图书数据资源库的知名度和影响力,可以采取以下多种推广策略:

①网络推广

通过搜索引擎优化技术,优化网站内容和结构,提高在搜索引擎中的排名,吸引更多用户。同时,在社交平台发布相关信息,利用社交媒体营销吸引关注和分享。此外,可以通过电子邮件营销向已注册用户发送新资源、新功能、活动信息等,提高用户的活跃度和忠诚度。

②合作推广

与学校、图书馆、出版社等机构合作,扩大推广范围,提高知名度。例如,将图书数据资源库作为教学资源与学校合作,供学生学习和研究使用;与图书馆合作,将图书数据资源库作为其电子资源的一部分,供读者查询和阅读;与出版社合作,提供新书预览和推荐,吸引读者关注和购买。

（2）效果评估

推广活动的效果评估是非常重要的，可以通过以下几种方式进行：

①用户增长

统计注册用户数、活跃用户数等指标，评估用户增长的速度和规模。

②用户活跃度

统计用户的访问频率、停留时间、页面浏览数等指标，评估用户的活跃度和参与度。

③用户满意度

通过用户满意度调查了解用户对平台的服务、功能、体验等方面的满意度。

（3）持续优化

根据效果评估结果，进行持续优化和改进推广活动：

①对于效果好的策略

进一步优化，扩大其影响力。例如，如果发现社交媒体营销效果好，可以提高发布的频率和质量，引入更多的互动和活动，吸引更多关注和分享。

②对于效果不佳的策略

进行调整或替换。例如，如果发现电子邮件营销的打开率和点击率低，可以改进邮件的设计和内容，或者尝试其他的营销方式，如内容营销、视频营销等。

③根据用户满意度调查结果改进服务和功能

例如，如果用户对搜索功能满意度较低，可以优化搜索算法，提供更准确和快速的搜索结果；如果用户对推荐的满意度较低，可以改进推荐算法，提供更精准和个性化的推荐。

在优化和改进过程中，持续进行效果评估，形成一个持续改进的闭环。例如，每次改进后，进行效果测试，对比改进前后的效果，了解改进的效果和影响；定期进行用户满意度调查，了解用户需求和期望是否发生变化，服务和功能是否满足用户需求。

总的来说，图书数据资源库的推广和评估是一个持续且循环的过程，需要根据市场变化和用户反馈,持续优化和改进,以提高知名度和影响力,提供优质的服务,满足用户需求。

5.4 智慧图书馆数字化阅读平台的概念和特点

5.4.1 数字化阅读平台的概念

数字化阅读平台是利用互联网技术将传统纸质书籍、期刊、报纸等文献资源进行数字化处理,并通过计算机网络进行传播的信息服务系统。它建立在高效的信息技术基础之上,以用户需求为导向,提供全面的数字化阅读服务。通过数字化阅读平台,用户可以在任何时间、任何地点使用各种设备访问和阅读数字化文献资源。

数字化阅读平台的目标是打破时间和空间的限制,实现信息的即时获取和全方位传播。它是现代化图书馆服务中不可或缺的一部分,也是智慧图书馆建设的重要组成部分。通过数字化阅读平台,图书馆能够有效满足用户多元化的阅读需求,提高服务质量和效率,推动图书馆事业的现代化发展。

5.4.2 数字化阅读平台的特点

(1)资源丰富

数字化阅读平台可以集合各种类型的文献资源,这些资源不仅数量庞大,而且内容丰富,涵盖了各个学科领域。此外,数字化阅读平台还可以提供各种增值服务,如全文检索、引文分析、知识导航、个性化推荐等。

(2)访问便捷

通过数字化阅读平台,用户可以在任何时间、任何地点访问和阅读数字化文献资源。用户只需要一个联网的终端设备,就可以实现远程访问和移动阅读。这极大地方便了用户的阅读活动,提高了信息获取的效率。

(3)交互友好

数字化阅读平台通常采用用户友好的界面设计和交互模式。用户可以通过简单的操作,实现资源检索、内容阅读、信息分享等功能。此外,一些高级功能,如标注、笔记、评价、讨论等,也可以提高用户的阅读体验和学习效果。

(4) 服务个性化

数字化阅读平台可以根据用户的阅读习惯和兴趣,提供个性化的服务。例如,它可以记忆用户的检索历史,推荐相关的资源。它还可以根据用户的阅读行为,提供个性化的阅读情境。通过这些个性化的服务,用户可以更加有效和愉快地进行阅读和学习。

(5) 保护版权

数字化阅读平台采用各种技术手段,如数字水印、数字签名、访问控制等,保护数字化资源的版权。这不仅保障了出版者和作者的合法权益,也维护了数字化阅读平台的公正性和公信力。

(6) 数据分析

数字化阅读平台可以收集和分析用户的阅读数据,以了解用户的阅读行为和需求。这些数据可以为图书馆的决策提供参考,也可以为用户的服务提供依据。例如,通过分析用户的检索和阅读行为,图书馆可以调整资源配置,优化服务流程,提高用户满意度。

总的来说,数字化阅读平台以其丰富的资源、便捷的访问、友好的交互、个性化的服务、保护版权和数据分析的能力,为用户提供了全新的阅读体验和学习环境。它是图书馆数字化服务的重要载体,是满足用户需求、提高服务质量、推动图书馆现代化的重要工具。

然而,虽然数字化阅读平台有着诸多优点,但也面临着一些挑战。例如,如何获取和整合高质量的数字化资源,如何保障用户的隐私和安全,如何提高服务的个性化和智能化,如何适应不断变化的技术和需求等。这些挑战需要我们深入研究、积极应对、不断创新,以更好地满足用户的需求,推动图书馆的发展。

5.5 数字化阅读平台的建设与技术支持

5.5.1 数字化阅读平台的建设

数字化阅读平台的建设是一个复杂而系统的过程,涉及多个阶段和各种因素。下面将详细介绍这个过程中的四个关键步骤:规划与设计、资源整合、平台开发、平台上线。

(1)规划与设计

这个阶段的主要任务是确定平台的目标、功能需求和技术选择。平台的目标应根据用户需求、市场趋势和组织策略等因素确定。例如,平台可能旨在提供丰富的数字化资源,提高信息获取的效率,提供个性化的阅读体验,促进知识分享和社区交流等。功能需求应根据目标和用户需求来确定。常见的功能需求包括资源检索、内容阅读、信息分享、用户交互、数据分析等。同时,也需要考虑一些辅助功能,如用户管理、系统监控、后台运维等。技术选择应根据功能需求和技术环境来确定。需要考虑的技术因素包括编程语言、开发框架、数据库系统、服务器平台、网络协议、安全机制等。此外,还需要考虑开发成本、技术支持、未来发展等因素。

(2)资源整合

这个阶段是数字化阅读平台的核心任务,直接影响到平台的价值和吸引力。收集资源时,需要考虑资源的类型、来源、质量、版权等因素。筛选资源时,需要考虑资源的内容、形式、质量、适用性等因素。需要确保资源的准确性、可读性、相关性、有用性等。整合资源时,需要考虑资源的元数据标准、资源分类、资源链接等因素。元数据标准可以确保资源的一致性和操作性。资源分类可以帮助用户快速找到所需的资源。资源链接可以提供更丰富的信息和更深入的阅读体验。

(3)平台开发

这个阶段需要进行软硬件配置、开发工具的选择,以及测试与调试等工作。

软硬件配置应根据平台的功能需求和技术选择来确定。需要考虑的软硬件因素包括操作系统、数据库系统、网络服务、存储设备、安全设备等。需要保证配置的稳定性、性能、扩展性、安全性等。

开发工具的选择应根据开发团队的技术能力和开发需求来确定。应选择适合团队的工具，以提高开发效率和代码质量。在开发过程中，需要进行持续的测试与调试。测试应覆盖所有的功能需求和技术标准，包括功能测试、性能测试、安全测试、兼容性等。调试应找出并修复所有的错误和问题，包括语法错误、逻辑错误、设计错误等。

（4）平台上线

这个阶段需要进行系统测试、用户培训、宣传推广等工作。系统测试是上线前的最后检查。需要进行全面的测试，包括系统功能、系统性能、系统安全、用户体验等。通过系统测试，可以确保平台在上线时能正常运行，满足用户的需求。用户培训是上线后的重要任务。需要为用户提供详细的使用指南，包括注册登录、资源搜索、内容阅读、信息分享、用户交互等。通过用户培训，可以帮助用户熟悉和掌握平台，提高用户的满意度和忠诚度。宣传推广是上线后的持续任务。需要通过各种方式，如网站公告、邮件通知、社交媒体、线下活动等，来吸引用户访问和使用平台。通过宣传推广，可以提高平台的知名度和影响力，扩大用户基础，增加资源使用。

总的来说，数字化阅读平台的建设是一个系统性的工程，需要多方面的规划和努力。通过对规划与设计、资源整合、平台开发、平台上线等关键步骤的深入理解和有效实践，可以建设出功能强大、有影响力的数字化阅读平台，满足用户的需求，推动智慧图书馆的发展。

5.5.2　数字化阅读平台的技术支持

数字化阅读平台需要依赖多种技术来实现其功能和提高服务质量。本节将详细讨论数字化阅读平台所需的技术支持，包括存储与检索技术、数据分析与挖掘、安全与隐私保护，以及互动与社区功能。

（1）存储与检索技术

为了管理和检索大量资源，数字化阅读平台需要高效可靠的存储与检索技术。常用的技术包括数据库技术、全文检索技术和语义检索技术。

①数据库技术

数据库是存储和管理数字资源元数据的关键组件。常见的数据库类型包括关系数据库(如 MySQL、Oracle、SQL Server)、NoSQL 数据库(如 MongoDB、Cassandra)和图数据库(如 Neo4j)。选择适合平台需求的数据库技术需要考虑性能和可扩展性等因素。

②全文检索技术

全文检索技术可以提高资源查找速度,使用户更快地找到所需信息。常见的全文检索技术包括倒排索引、布尔查询、模糊查询和权重排序等。一些全文检索引擎(例如 Elasticsearch、Solr 和 Lucene)可以提供更高级的检索功能,如高亮显示、同义词扩展和分面导航等。

③语义检索技术

语义检索技术可以理解资源内容的语义,提高检索的精度和相关性。常用的语义检索技术包括基于本体的检索、基于知识图谱的检索和基于自然语言处理的检索等。这些技术能够帮助用户找到更准确和相关的结果,从而提高阅读体验。

(2)数据分析与挖掘

通过数据分析和挖掘,数字化阅读平台可以优化服务、提供个性化体验和挖掘潜在价值。主要的方法包括用户行为分析、推荐系统和数据可视化。

①用户行为分析

通过收集和分析用户的浏览、搜索、阅读、分享等行为数据,平台可以了解用户的兴趣、需求和行为模式,提供更精准和有针对性的服务。

②推荐系统

根据用户的兴趣和行为推荐个性化的资源,例如协同过滤、基于内容的推荐和混合推荐等方法。通过推荐系统,平台可以主动推送用户感兴趣的资源,提高用户的满意度和活跃度。

③数据可视化

以图形方式展示复杂数据,帮助用户理解和发现数据的意义和价值。通过数据可视化,平台可以提供更直观和人性化的数据服务。

（3）安全与隐私保护

保护平台的安全和用户的隐私是必须考虑的重要问题。主要的方法包括访问控制、数据加密和隐私政策。

①访问控制

限制用户对资源和服务的访问,保护平台的安全和资源的版权。常见的访问控制技术包括基于角色的访问控制、基于属性的访问控制和基于策略的访问控制等。

②数据加密

保护数据的安全和隐私,例如对称加密、非对称加密和哈希函数等加密技术。通过数据加密,平台可以防止数据的泄露、篡改和破坏。

③隐私政策

制定并公开明确的隐私政策,包括数据收集、使用、保护和处理数据泄露等方面,建立用户的信任,提高用户的满意度。

（4）互动与社区功能

通过提供评分、分享和社区建设等功能,增强用户的参与度和黏性,构建活跃的用户社区。

①评分

评分功能可以让用户对资源进行评级,反映资源的质量和受欢迎程度。平台可以提供简单的评分工具,如星级评分、喜欢/不喜欢按钮等,鼓励用户参与评分。

②分享

分享功能可以让用户将资源推荐给他人,扩大资源的影响力。平台可以提供方便的分享工具,如社交媒体分享按钮、链接复制等,鼓励用户参与分享。

③社区建设

社区建设功能可以让用户围绕共同的兴趣和话题进行交流和合作,形成活跃的用户社区。平台可以提供各种社区工具,如论坛、聊天室、小组等,鼓励用户参与社区活动。此外,平台还可以通过举办活动、推出奖励、提供支持等方式,激励用户加入社区,促进社区的发展。

总之,数字化阅读平台的技术支持需要涵盖存储与检索技术、数据分析与挖掘、安全与隐私保护,以及互动与社区功能等多个方面。建设和运营这样的平台需要团队合作和不断学习,以适应技术和用户需求的变化,并关注社会和伦理问题。

5.5.3 数字化阅读平台的持续优化

数字化阅读平台的建设并非一次性完成的任务,而是需要持续优化和改进。本节将详细讨论如何通过用户反馈与评估、技术更新与维护、服务创新与拓展等方式,实现平台的持续优化。

（1）用户反馈与评估

用户反馈和评估是优化平台的重要途径。通过用户满意度调查、用户研究和效果评估,平台可以有针对性地进行改进。

①用户满意度调查

满意度调查可以了解用户对平台的满意度,找出存在的问题和不足。常见的调查方法包括问卷调查、深度访谈、焦点小组等。通过满意度调查,平台可以了解用户的需求和期望,为优化平台提供依据。

②用户研究

用户研究可以揭示用户的行为和心理,提供优化的思路和方法。常见的用户研究方法包括观察研究、日志分析等。通过用户研究,平台可以了解用户的行为模式和使用习惯,找出优化的方向和重点。

③效果评估

效果评估可以评价平台的效果和价值,衡量优化的成果。常见的效果评估方法包括用户满意度评价、任务成功率评价、使用频率评价等。通过效果评估,平台可以了解优化的效果,为进一步的优化提供参考。

（2）技术更新与维护

技术更新与维护是保障平台稳定运行和提升性能的关键。平台需要定期进行系统升级、故障排除和性能优化等工作。

①系统升级

系统升级可以提升平台的功能和性能,以满足用户的新需求。升级的内容包括添加新功能、改进旧功能和提升性能等。进行系统升级时,需要考虑升级所带来的影响和风险,例如可能引入的新问题或可能对用户产生的影响等。

②故障排除

故障排除是保障平台稳定运行的必要工作。常见的故障包括系统崩溃、功能失效和性能下降等。在进行故障排除时,需要进行详细的故障分析,找出故障的原因和解决方法,并采取措施防止故障再次发生。

③性能优化

性能优化可以提升平台的运行效率和用户体验。优化的内容包括加载速度、响应时间和资源消耗等。在进行性能优化时,可以采用多种技术和方法,例如代码优化、硬件升级和负载均衡等。

（3）服务创新与拓展

服务创新与拓展是提升平台的策略和手段。通过新功能开发、服务模式创新、合作伙伴拓展,平台可以提供更多更好的服务,满足更多用户的需求。

①新功能开发

新功能的开发可以丰富平台的服务,提升平台的吸引力。新功能的开发应基于用户的需求,通过技术的创新和应用,实现新功能的设计和实施。例如,平台可以开发个性化推荐、社交分享、在线学习等功能,提供多样化的阅读服务。

②服务模式创新

服务模式的创新可以优化平台的服务,提高平台的效率和质量。服务模式的创新应基于服务的特点和环境,通过改进流程、引入技术、调整结构等方式,实现服务的创新和改进。例如,平台可以采用自助服务、智能服务、协同服务等模式,提供便捷高效的阅读服务。

③合作伙伴拓展

合作伙伴的拓展可以扩大平台的资源和影响力,提升平台的竞争力。合作伙伴的拓展应基于共赢的原则,通过建立合作关系、实现资源共享、开展联合活动等方式,实现平台的拓展和提升。例如,平台可以与出版社、学校、图书馆、社区等机构进行合作,获取丰富的资源,提供多元化的服务,吸引更多用户。

总的来说,数字化阅读平台的持续优化需要全方位、多角度的努力,包括用户反馈与评估、技术更新与维护、服务创新与拓展等。通过持续优化,平台可以不断提升,更好地服务于用户,实现其社会价值和商业价值。

5.6 数字化阅读平台的运营与推广

5.6.1 平台运营策略

(1)用户服务

对于任何数字化阅读平台,用户服务是其运营的核心。优质的用户服务能够提升用户的满意度,增加用户的黏性,从而提升平台的活跃度和影响力。

①用户指导

平台应提供清晰、完整的用户指导,帮助用户了解和使用平台。用户指导包括平台介绍、操作指南、常见问题解答等,以文字、图像、视频等形式呈现。例如,平台可以制作"新手指南"视频,引导新用户快速上手。

②咨询服务

平台应提供及时、有效的咨询服务,解答用户的疑问,满足用户的需求。咨询服务包括在线咨询、电话咨询、邮件咨询等方式。例如,平台可以设置"在线客服"功能,实时响应用户的咨询。

③问题解决

平台应提供有效的问题解决方案,处理用户的问题,保障用户的利益。问题解决包括技术支持、投诉处理、退换货服务等。例如,平台可以设立"技术支持"团队,快速解决用户的技术问题。

(2)内容管理

内容管理是数字化阅读平台的重要任务。有效的内容管理能够保证内容的质量和多样性,满足用户的阅读需求,提升平台的吸引力。

①内容筛选

平台应进行严格的内容筛选,确保内容的质量和合法性。内容筛选包括版权审查、质量评估、主题筛选等。例如,平台可以设置"内容审核"机制,用于排除非法和低质量的内容。

②内容更新

平台应进行持续的内容更新,提供新鲜的阅读资源。内容更新包括新书上架、热门主题更新、用户生成内容收录等。例如,平台可以与出版社合作,定期上架新书。

③个性化推荐

平台应提供个性化推荐,满足用户的个性化需求。个性化推荐包括阅读兴趣分析、行为模式挖掘、算法优化等,可以通过大数据和人工智能技术实现。例如,平台可以使用推荐算法,根据用户的阅读习惯和喜好,推荐相关的书籍。

(3)用户活动

用户活动是提升用户参与度和活跃度的有效手段。通过举办各类活动,平台不仅能够吸引用户的注意力,也能够增强用户的归属感和忠诚度。

①线上活动

平台可以通过举办各种线上活动来吸引用户。这些活动包括阅读挑战、知识竞赛、主题讨论等。例如,平台可以举办"阅读马拉松"活动,鼓励用户在限定的时间内阅读指定的书籍,完成后给予奖励。

②线下活动

虽然平台是数字化的,但线下活动依然重要。平台可以通过举办读书会、讲座、展览等线下活动,增加用户的互动和参与。例如,平台可以与当地的图书馆或学校合作,举办"作者见面会",让读者有机会近距离和作者接触及交流。

③竞赛活动

竞赛活动能够激发用户的竞争性和参与性。平台可以举办写作比赛、阅读比赛、评论比赛等,提供奖品作为激励。例如,平台可以举办"最佳评论"比赛,鼓励用户分享自己的阅读感受和观点,最终通过投票选出最佳评论,给予奖励。

总的来说,通过提供优质的用户服务、有效的内容管理和丰富的用户活动,平台可以提升用户体验,增加用户黏性,从而实现有效的运营。然而,这些策略并不是孤立存在的,而是相互影响、相互促进的。例如,提供优质的用户服务可以增加用户参与度,有效的内容管理可以提高用户对服务的满意度,而丰富的用户活动则能够推动内容的更新。因此,平台在制定和实施运营策略时需要综合考虑并协调这些策略。

5.6.2　平台推广策略

（1）网络推广

网络推广是数字化阅读平台不可或缺的营销手段。通过有效的网络推广,平台可以扩大用户群体,提升自身知名度和影响力。

①搜索引擎优化

搜索引擎是用户获取信息的重要途径。通过优化平台网站的结构和内容,使用关键词策略,创建高质量的外部链接等,平台能够提升在搜索引擎中的排名,增加用户的点击率。

②社交媒体营销

社交媒体是用户社交和娱乐的主要场所。平台可以在社交媒体上设立官方账号,发布平台动态、推荐书籍、与用户互动等,与用户建立更直接、更亲密的联系。

③电子邮件营销

电子邮件是用户获取专业信息的主要途径。平台可以向用户发送新书通知、活动邀请、优惠券等,提升用户的黏性,引导用户访问平台。

（2）合作推广

合作推广是提升平台知名度的有效途径。通过与各种机构和行业的合作,平台可以获得更多的资源,扩大其影响范围。

首先,学校、图书馆、出版社等机构的合作对于平台来说非常重要。这些机构是阅读资源和用户的主要来源。通过与这些机构合作,平台可以获取更多的阅读资源,吸引更多的用户。例如,平台可以与学校合作,提供教学资源,服务学生和老师;与图书馆合作,共享图书资源,服务公众读者;与出版社合作,发布新书信息,服务热衷读者。这样的合作有助于为平台带来更多的关注和用户流量。

其次,与相关行业的跨界合作也是一个非常好的策略。跨界合作可以带来新的机会和视角。通过与相关行业的合作,平台可以扩大其服务范围,增加其竞争优势。例如,与电商平台合作,进行图书销售,将读者转化为实际购买者;与影视公司合作,进行 IP 改编,将优秀的作品改编成电影或剧集,进一步宣传平台;与科技公司合作,进行技术创新,提升平台的用户体验和服务质量。这样的合作能够为平台带来更多的推广机会。

通过合作推广这个有效的方式,可以帮助平台扩大影响力,吸引更多的用户。通过与学校、图书馆、出版社等机构的合作,平台可以获取更多的资源;通过与相关行业的跨界合作,平台可以扩大服务范围,增强竞争优势。这些合作将为平台带来更多的机会和发展空间。

(3)公共关系策略

公共关系策略是塑造平台形象和声誉的重要手段。通过有效的公共关系策略,平台可以建立良好的公众形象,赢得公众的信任和支持。

①新闻发布

新闻是传递信息和塑造形象的重要方式。通过新闻发布,平台可以向公众传递其最新的动态和成就。例如,平台可以发布新书上线的新闻,展示其资源丰富;发布技术更新的新闻,展示其技术先进;发布服务创新的新闻,展示其用户友好。

②公众活动

公众活动是接触和影响公众的有效方式。通过公众活动,平台可以与公众建立直接的联系,提升其知名度和影响力。例如,平台可以举办阅读节,推广阅读文化;举办公开课,普及阅读技巧;举办讲座,分享阅读经验。

③社区参与

社区参与是建立公众支持的有效途径。通过社区参与,平台可以深入公众,理解其需求,赢得其认同。例如,平台可以参与社区服务,帮助公众解决阅读问题;参与社区活动,与公众交流阅读心得;参与社区建设,提升阅读环境。

总的来说,通过网络推广、合作推广和公共关系策略,平台可以有效地提升其知名度和影响力,吸引和保留更多的用户。然而,这些推广策略并不是孤立的,而是相互关联、相互促进的。例如,网络推广可以提升合作推广的效果,合作推广可以提升公共关系策略的效果,公共关系策略可以提升网络推广的效果。因此,平台需要综合考虑这些推广策略,制定和实施全面的推广策略。

5.6.3 平台绩效评估

（1）用户满意度评估

用户满意度是评估平台成功与否的重要标准之一。对于一个数字化阅读平台来说,确保用户对内容、功能、服务等方面的满意度至关重要。

①满意度调查

这是一种常见的评估工具,通常包括一系列问题,如用户对平台的整体满意度、对特定功能的满意度、对客户服务的满意度等。例如,可以定期进行用户满意度调查,收集用户对平台的反馈,以此调整和优化服务。

②用户反馈

这是一种更直接的评估方式。用户可以在平台上直接提供反馈,包括他们喜欢的内容、遇到的问题,或者对改进的建议等。例如,设立用户反馈频道,鼓励用户分享他们的体验和建议。

③在线评价

这是一种客观的评估方式,用户可以对他们阅读的书籍或使用的服务进行评价。例如,用户可以在阅读完成后给书籍打分,写下他们的评论,这些都能体现用户的满意度。

通过以上评估方式,平台可以了解用户的需求和反馈,及时做出改进和优化,提高用户的满意度。

（2）平台性能评估

除了用户满意度,平台的性能也是一个重要的考量因素。

①访问速度

这是用户体验的一个重要指标。用户访问速度的快慢直接影响用户的使用体验。例如,可以定期进行速度测试,保证用户在任何时间、任何地点都能快速访问平台。

②系统稳定性

这是保证平台正常运作的一个关键因素。系统出现故障或崩溃都会对用户产生负面影响。例如,可以定期进行系统检查和维护,确保系统的稳定运行。

③功能完善度

这是评价平台是否能满足用户需求的一个重要指标。例如,可以定期收集用户反馈,评估当前的功能是否满足用户的需求,或者是否需要增加新的功能。

（3）服务效果评估

服务效果评估关注的是平台的各项服务是否达到了预期的效果。

①用户活动的参与度

这是衡量用户活动成功与否的重要指标。例如,可以通过统计活动的参与人数、互动次数等,来评估活动的参与度。

②推广活动的影响力

这是衡量推广活动成功与否的重要指标。例如,可以通过统计活动的覆盖人数、点击率等,来评估推广活动的影响力。

③用户增长

用户增长是一个重要的指标,它直接反映了平台的吸引力和影响力。例如,可以通过统计每天、每周或每月的新增用户数,来评估平台的用户增长情况。

绩效评估是数字化阅读平台运营的重要环节,只有通过持续的评估和优化,平台才能保持持续的竞争力和吸引力。在这个过程中,应注重从用户的角度出发,了解和满足用户的需求,同时,也要注重平台本身的性能和服务效果,不断提升平台的品质和价值。

进行评估时,既可以采用定性的方法,如用户反馈和满意度调查,也可以采用定量的方法，如数据统计和分析。并且，应将评估结果反馈给相关的决策者和运营团队，以便他们根据评估结果进行决策和优化。总的来说，平台绩效评估是一个系统的、持续的过程，涉及多个方面。只有通过综合的、全面的评估，才能真正了解平台的运营情况，找出存在的问题，提出解决方案，从而不断提升平台的品质和价值。

第6章 高校智慧图书馆助力乡村文化振兴的策略和途径

6.1 高校助力乡村文化振兴意义和主要任务

6.1.1 高校助力乡村文化振兴意义

党的十八大以来,党中央把脱贫攻坚摆在治国理政的重要位置,作为实现第一个百年奋斗目标的重点任务,纳入"五位一体"总体布局和"四个全面"战略布局。2021年,为深入贯彻党的十九届五中全会精神和习近平总书记关于教育、扶贫工作、"三农"工作的重要论述,落实《中共中央、国务院关于实现巩固拓展脱贫攻坚成果同乡村振兴有效衔接的意见》要求,进一步巩固拓展教育脱贫攻坚成果,有效衔接乡村振兴战略,接续推动脱贫地区发展和乡村全面振兴,教育部等四部门提出了《关于实现巩固拓展教育脱贫攻坚成果同乡村振兴有效衔接的意见》①。全国各高校积极响应该号召,最鲜明的特点是教育系统广大师生干部接受了一场深刻的国情教育,所有直属高校和部省合建高校都积极参与其中,教育系统全员参战。一方面,这些行动培养并锻炼了一大批深入基层、贴近群众的干部师生。通过深入实地调研和参与,他们能够更加深入地了解乡村发展的实际需求和问题,并以此为基础提出切实可行的解决方案。这不仅可以培

---

① 中华人民共和国教育部:《教育部等四部门关于实现巩固拓展教育脱贫攻坚成果同乡村振兴有效衔接的意见》,http://www. moe. gov. cn/srcsite/A03/s7050/202105/t20210514_531434. html? from=timeline&isappinstalled=0。

养他们的社会责任感和服务意识,同时也让他们亲身体验到了乡村发展的现状与挑战。另一方面,高校的学者和研究人员将他们的研究成果应用于扶贫工作中。这些研究成果不仅可以为乡村振兴提供理论支撑和指导,还能够为相关政策的制定和实施提供参考依据。将学术成果应用于实践中,高校师生能够更好地推动乡村文化振兴事业的进展,使脱贫攻坚成为立德树人的重要课堂。

高校助力乡村文化振兴不仅能够培养人才,推动乡村振兴事业的发展,还能够为脱贫攻坚工作提供理论支撑和实践经验。这对于实现乡村振兴战略目标具有重要意义,也是高校社会责任的体现。

首先,乡村文化振兴是乡村振兴战略的重要组成部分。高校作为文化传承和创新的重要力量,可以发挥自身优势,推动乡村文化事业和基础设施的建设,提升乡村群众的科学文化知识素养,增强乡村社会的文明程度。在这一过程中,高校可以发挥教育和人才支持的作用,开展专业培训、科技服务和文化交流等活动,提供学术、艺术和人才支持,帮助乡村实现文化振兴目标。

其次,通过县域帮扶,高校可以更深入地了解乡村文化和需求,从而提供针对性的支持和帮助。高校可以与当地政府进行合作,共同探索乡村文化产业发展的路径和模式,推动农业科技的发展和转化,促进农民增收致富。同时,高校还可以通过挖掘和传承乡村文化,繁荣发展乡村文化产业,培育文化创意人才,引领乡村文明风尚,推进乡村文化振兴。

脱贫摘帽只是一个起点,而不是终点。我们要深刻认识到,在巩固和拓展教育脱贫攻坚成果与乡村振兴之间建立有效衔接的重要性。为此,我们需要充分发挥整个高校系统的作用,为持续推动脱贫地区的发展、改善群众生活、促进人的全面发展以及朝着实现全体人民共同富裕的目标迈进,做出贡献。

此外,高校可以通过与乡村合作,建立多元化的农业科技协同创新平台,开展技术创新攻关。通过突破制约农业发展的关键技术、前沿技术和瓶颈技术,不仅能促进农业的发展,也能提升乡村群众的科技素养和技能水平,推动乡村产业升级和经济发展。

最后,高校还可以将校园文化建设与乡村文化繁荣融为一体,将学生思想道德培育与弘扬乡村优秀传统文化融为一体,将构建文化协同服务体系与引导开发乡村文化产业融为一体,以促进乡村文化的传承和创新,推动乡村社会的全面振兴。

6.1.2　高校助力乡村文化振兴的主要任务

将巩固拓展教育脱贫攻坚成果放在突出的位置,保持教育帮扶政策的总体稳定,全方位对接农村低收入人口和欠发达地区的帮扶机制,促进乡村教育的振兴和乡村振兴的良性循环,加快推进乡村振兴,为全面建设社会主义现代化国家打下坚实基础,做出教育方面的贡献。

（1）工作目标

贯彻落实党中央、国务院的部署,在完成脱贫攻坚目标任务后,需要设立一个为期 5 年的过渡期。过渡期内要保持整体稳定和有序过渡的状态。要坚持严格落实"四个不摘"的要求,即现有的教育帮扶政策应该继续保持,需要优化的要进行优化,需要调整的要进行调整,确保政策的连续性。要坚持统筹部署、协调推进的原则,政府在推动引导方面与社会市场发力方面要进行统筹,发挥集中力量办大事的优势,根据脱贫人口的实际困难情况,适度倾斜,以推动乡村教育的振兴来助力乡村的全面振兴。要坚持志愿帮扶和智力培养相结合的原则,加强对学生的励志教育和感恩教育,发挥典型示范作用,激励学生努力学习,朝着美好生活努力奋斗,依靠自己的努力来阻断贫困代际传递。到 2025 年,要实现教育脱贫攻坚成果的巩固和拓展,农村教育普及水平稳步提高,农村教育高质量发展的基础更加牢固,农村家庭经济困难学生的教育帮扶机制更加完善,城乡教育差距进一步缩小,教育服务乡村振兴的能力和水平进一步提升,乡村教育振兴和教育振兴乡村的良性循环基本形成。

（2）重点任务

①巩固拓展教育信息化成果,健全控辍保学工作机制

巩固学校联网攻坚行动成果,加快学校网络提速和扩容,以确保学校信息化建设的稳定发展。同时,要完善国家数字教育资源的公共服务体系,为脱贫地区提供优质教育资源的共享机制,不断扩大优质教育资源的覆盖面。在教育教学方面,要深化"三个课堂"的应用,依托信息技术的手段,实现学校间的带动作用、教师间的引领作用、资源间的共享作用,以促进教师队伍的专业发展。

另外,要重视脱贫地区师生的信息素养提升,构建以学校为本、突出课堂教

学、注重应用驱动、重视创新、注重精准测评的教师信息素养发展机制。同时，加强学生课内外一体化的信息素养培育，推动信息技术与教育教学的深度融合，提高整体的教育教学质量。

②巩固拓展乡村人才队伍建设成果

A. 依托高校教育优势激发群众内生动力

乡村振兴的基础动力是人力资本，教育是人力资本积累的重要手段。随着城镇化的推进，人员流动加剧，农村受教育水平普遍较低，这导致了农村人口在就业方面受限，有时只能从事技术含量低、经济报酬少的非竞争性岗位。这种能力上的差距在某种程度上加大了教育的滞后性，从而导致了乡村振兴内生动力不足的问题。

高校拥有丰富的教育资源，人才是高校最具特色、最为丰富的教育资源。在推动乡村振兴的过程中，高校应充分发挥人才教育资源的优势，因人、因类、因势施策，为乡村振兴提供精准的帮扶服务。高校应制定量身定制的产业扶持、转移就业、教育帮扶等举措，通过培训提升质量和效益，依托高校的教育资源，分类实施基层干部乡村治理专题培训、创业致富带头人培育计划、农村实用技术培训等技能培训，确保基层群众在发展致富方面拥有可以施展的"技能"。

高校还应分类推进人才服务乡村振兴行动，依托博士服务团、专家工作站、师生实践团等平台，实施环境生态保护治理、红色生态旅游开发、农副产品包装设计、生产线改造等项目，深入实施技能培训工程，通过"人才+项目"和"人才+基地"的方式，为乡村振兴提供培训、决策咨询、科技支援等方面的支持，促进乡村振兴从产业发展、环境治理、农业生产等各个领域得到全面推进。

B. 依托高校人才优势优化乡村人才结构

治理的有效性是实现乡村振兴的重要保障，而推进乡村治理创新的关键是优化乡村人才结构。在乡村振兴过程中，应该鼓励社会力量进入乡村，例如引导高校智库、市场机构和其他社会力量参与乡村事业发展。通过吸纳更多优秀的高校毕业生到基层就业等途径，可以增强乡村社会治理的能力，并且能够极大地丰富乡村治理结构。首先，高校有大量高学历人才。高校的教学和科研对于社会治理政策制定具有参考作用。在政治、经济、社会、文化等跨学科和多领域的理论研究和实践中，高校能够为乡村治理创新提供理论指导和实践矫正。

其次,高校有责任不断向社会治理和经济发展输送人才。高校具备相对完善的基层就业引导机制。例如,有免费师范生、三支一扶、大学生村官、大学生西部计划等基层就业政策,以及返乡创业支持政策、税收减免优惠等引导政策。这些政策鼓励专业型、创新型和管理型人才投身基层治理,进而推动乡村社会发展。同时,高校还在逐步完善涉农专业人才培养机制,建立基层治理、返乡创业和农村生源人员信息库,实施跟踪培养和定向培养,促进人才回流,提升乡村人才综合素质。

C. 依托高校科研优势助力产业价值升级

部分乡村因缺乏人才、技术、资源等产业升级要素的支持,无法充分利用生产要素在高价值链上的优势。高校在产品开发、技术升级、自主研发等方面具有科研优势,通过产学研的深入合作,可以聚集各个价值链上的产业要素。推动农村产业要素升级以科技创新为驱动,促进资源附加值提升是高校在脱贫攻坚领域努力的重要方向之一。高校应积极利用产学研资源为乡村产业发展提供持续动力,围绕"农业强、农村美、乡村居民富"的目标,积极推动乡村规划中的特色种养产业发展。依托学校的学科和人才优势,广泛调研乡村产业经济现状,利用资源勘探、环境治理、旅游规划、市场营销等学科优势,重点支持乡村发展特色产业,探索乡村振兴的"一村一产业,一村一特色"产业发展模式。要建立起"党建组团、农户抱团、合作社带动、供销单位发力"的四位一体的产销链条,积极引入校友、合作单位等企业资源,有效对接市场,大力拓展校内销售渠道,整合产业品牌,打造集直播、宣传和销售于一体的全域帮扶模式,为实现产业振兴注入强劲动力。

(3) 发挥高校在乡村振兴中的作用

①为乡村振兴提供人才支持

高校是培养人才的重要场所,培养适应乡村振兴需要的人才,为乡村振兴提供强有力的人才支持。

②推动乡村经济发展

高校在推动乡村经济发展中发挥着重要的作用。一方面,高校通过科学研究、技术推广等方式,为乡村经济提供技术支持;另一方面,高校还通过与企业合作,为乡村经济提供资金支持。

③开展农村小学教育

农村小学教育的开展,为乡村振兴提供了重要的人才支持。高校可以通过开展人才支持计划,将优秀大学生志愿者派往农村小学担任教师,提供专业的教育支持和帮助。

④农业科技推广

农业科技推广是高校助力乡村振兴的重要手段。高校可以通过建立农业科技推广站、开展科技下乡活动等方式,将先进的农业科技应用到乡村经济中,提高农产品的产量和质量,促进乡村经济的发展。

⑤促进乡村文化传承

乡村文化传承是乡村振兴的重要组成部分。高校可以通过开展文化活动、设立文化课程等方式,帮助乡村居民了解和传承本土文化,推动乡村文化的创新和发展。

高校助力乡村振兴是一项长期的工作,需要各方力量的共同参与和支持。在未来发展中,高校可以从以下几个方面入手:

·加强与政府、企业的合作,共同推动乡村经济的发展。

·加强文化交流与融合,促进乡村文化的创新和发展。

·加强教育、科技、文化等方面的投入,为乡村振兴提供更多的支持和帮助。

·加强自身建设,提高高校的综合实力和影响力,为乡村振兴提供更多的智慧和力量。

总之,高校助力乡村振兴是一项具有挑战性但又充满机遇的工作,需要各方的共同参与和支持。相信在未来的发展中,高校将发挥更加重要的作用,为乡村振兴贡献更多的力量。

6.1.3 高校智慧图书馆的农业学科馆员服务模式探究

高校智慧图书馆自建成以来,肩负着为所附属高校的日常教学与学术研究提供知识服务的责任。农业学科馆员的服务目标是将自己掌握的学科专业知识融入图书馆服务,将图书馆与教学、科研紧密联系起来,为农业学科领域的科研人员提供文献信息服务。一方面,随着高校现代化建设的推进,智能化技术如 5G、人工智能、大数据共享、虚拟现实体验馆开发、通用终端和应用程序搭建等已广泛应用于高校的各项教学工作和科研任务中。因此,为了顺应高校学科教育和科研建设的发展,改革传统的学科图书馆服务供应策略,引入智慧化服务项目并建立相应的平台,已经成为高校智慧图书馆服务功能改革的趋势。另一方面,随着科学大数据不断发展,要求农业学科馆员必须具备扎实的学科素养和敏锐的知识嗅觉。勇于探索的钻研精神和严谨的学科态度不仅能为用户提供个性化、智慧化、集成化的学科服务,还能从海量学科数据中挖掘出更多潜在、深刻、重要的关键信息,这将成为农业学科馆员工作方式重新定位的主要动力。高校智慧图书馆的学科服务模式需要在建设过程中不断拓展和创新。只有这样,高校智慧图书馆才能够牢牢把握所开设专业学科的未来发展前景,充分激发用户对学科知识的好奇心和求知欲望,并辅助高校实现对学生信息素养的培养。结合哈尔滨金融学院智慧图书馆的建设经验,本书设计了高校智慧图书馆的农业学科馆员服务模式:以农业为核心建立多维度协作模式,创新农业学科馆员组织方式;以科研为核心建立特色专项服务模式和以服务推广为核心的多角色精准服务模式。

(1) 以农业为核心建立多维度协作模式

高校作为向社会群体进行知识宣传和技术能力开发的基地,其核心任务就是为国家建设和社会发展提供具备专业学科水平和现代创新意识的优质人才资源。高校智慧图书馆的建设服务首先要根据高校自身的教学特点和职能,采用多维度协作模式参与农业智慧化建设过程,根据农业需求转变服务角色和服务级别,承担对应自身负责专业学科的相关农业辅助任务。多维度协作模式是指农业学科馆员根据既定学科的农业目标,将农业资源和图书馆服务以在线教学、混合式教学和分组讨论等方式嵌入用户过程或场景,融入农业教学的全过程。同时,配合授课教师围绕学生的问题需求开展灵活多样的服务。农业学科馆员根据主讲教师的安排,通过不同的介质形式向学生推送必学内容、拓展学习和知识背景资源,教师根据推送资源筛选并布置学习和研讨任务,农业学科馆员再根据教师布置的任务内容和学生要求,调动智慧馆的情报中心和其他服务站,发挥智慧馆对目标学科知识资料的智慧化管理和智慧感知能力,为目标学科的师生提供经过知识探索、分类、凝缩、提取的高学科价值和高应用潜力的时效性图文、视频、文献和试题。同时,农业学科馆员还要将资源服务和信息素养教育嵌入学生的课后学习中。

在该模式下,高校智慧图书的农业学科馆员需要开阔学科视野。他们不仅为农业主体提供学科服务,还积极参与到本学科的教学大纲制定、备课参考、授课规划、农业效果评估等工作中。他们利用自身的图书情报和信息技术经验,发掘高校课程中目标学科知识的结构布局和重难点设置。在亲身经历和体验的基础上,进一步了解用户的知识需求,为教师和学生提供符合其授课目标的资源和扩展资源,满足他们的复习需求。同时,在参与中要得到教师的认可与配合。此外,农业学科馆员还根据自身的工作经验,帮助高校目标学科在智慧化工作中建立起专属的信息通道。这样,智慧图书馆能够以更高效的方式为高校日常的农业教学和基础科研提供服务。

（2）以科研为核心建立特色专项服务模式

高校智慧图书馆的建设立足于科研学术机构的特征与效用,汇集国内大量广泛的学术及人才资源,完善智慧化建设。在科研活动中,原始基础数据是指通过实验、监测、观测、探索、调查或其他方式获取的反映客观世界本质变化的数据,它是图书馆智慧化建设的基础。高校智慧图书馆的农业学科馆员服务就是要利用这些科技资源,提供各类多元的学术导航及专业前景动态跟踪服务。与国内研究型大学图书馆相比,高校智慧图书馆在提供空间资源、信息共享、学术研究空间、学术会议、某一学科的信息资源、定题服务、科技查询、收录引证服务、核心期刊收录查询等方面已有一定基础,但在科研评估和产业转化服务方面还相对较少。因此,需要建立以科研为核心的特色专项服务模式,为重要科学家、重点课题组、重大专项、重要机构、重大企业或地方政府提供针对某项学科领域的特色专项服务。例如,提供技术前沿调研、监测、研发竞争力分析等服务,以满足科研创新的需求。通过建立以科研为核心的特色专项服务,将农业学科馆员与智慧科研服务相融合。一方面,这些服务将帮助服务对象实现智慧化发现和深层次运用目标知识。另一方面,农业学科馆员将通过公开展示自身的图书情报素养、引导科研人员进行研究成果自我评估等方式,促使科研工作者与农业学科馆员之间形成智慧认同的效果。

具体可通过以下方式完成：第一，农业学科馆员以科研助手的身份加入科研课题研究工作，利用自身过硬的图书情报管理素养辅助科研人员完成高效率的参考文献分拣处理及云端备份，为课题组提供大数据云智慧技术保障。第二，农业学科馆员借助高校机构优势，以研究员的身份加入已列入图书馆智慧化管理的科研课题组进行研究工作，在科研工作中发挥个人专业及工作经验优势。利用智慧化服务平台，在对科研课题进行深入挖掘与探索的基础上，跟进并完成对目标科研课题的研究数据组织和相应书面材料的撰写。第三，农业学科馆员以科研进度推广员的身份，完成对科研成果的公示与宣传。可以通过馆内信息化门户、移动图书馆和微服务等方式，有针对性地进行学术科研讯息推送，从而使科研人员通过智慧图书馆获取一手学术信息与学科科研成果的进展。

（3）以服务推广为核心的多角色精准服务模式

农业学科馆员的服务角色在高校图书馆智慧化进程中变得越来越精准。服务角色内容细化为数据、数字人文、学术交流、学术出版、创客、智库、阅读推广和健康信息等，并且随着智慧化程度的提升，还会出现更多的角色。为了达成智慧化建设的最终目的，农业学科馆员需要与不同层次、不同专业、不同行业、不同业务内容的用户进行互联互通，大力推进不同学科之间联系的差异化服务功能的使用。可以通过开展差异化学科服务推广活动，吸引农业和科研主体更积极地参与到图书馆服务系统智慧化功能建设的过程中。为了推广活动的有序展开以及智慧资源的合理调用，农业学科馆员需要具备一定程度上的活动调研、组织、实施、管理及反馈评价能力。他们需要将服务推广与多角色精准服务结合到活动组织过程中，推动目标学科的农业活动和科研学术进展。以服务推广为核心的多角色精准服务需要做到去规模化、去形式化、去空间化。农业学科馆员应根据图书馆的人力、物力、馆员的学科背景、重点学科的发展和基础学科农业的建设等实际情况，从用户真正的需求出发，采取精准的个性化服务，直到服务对象满意为止。这样才能更深刻地激发出互动服务的力量，推动高校图书馆在服务智慧化过程中取得更大的成效。

（4）高校智慧图书馆农业学科馆员服务的优化路径

随着大数据时代的到来，高校图书馆所秉承的服务理念渐趋多元，各类智慧化信息技术在管理等层面的渗透也使得现阶段高校图书馆所承载的服务功能变得多样。高校智慧图书馆机构需要持续优化制度和实施办法,其中一个重要方面是吸收专兼职农业学科馆员,以打造专业素养高、信息服务水准强、过程嵌入精准、业务工作熟练、服务品牌形象好的智慧化农业学科馆员服务团队。为了提升学科服务的效果,完善农业学科馆员的目标追求,使其从"保障参与感""建立认可度""创造归属属性"三个层次上跃升,以稳定高校智慧化服务的长期稳定运行状态。

①强调提升农业学科馆员的专业素养

农业学科馆员队伍的专业素养是保障高校智慧图书馆开展学科服务良性运转的基础。要提升农业学科馆员的专业素养,首先要为馆内农业学科馆员在长期职业规划中设定提升专业能力的目标。引导他们在工作之余接受继续教育,并定期进行专业知识培训或行业交流。鼓励他们根据个人兴趣考取各类学科认证,帮助他们养成终身学习的习惯、敬仰知识的谦逊态度和自主学习的能力。其次,可以聘请或吸纳高校内外行业专家或专业人士,补充农业学科馆员团队专业知识上的短板。最后,要求馆员在掌握智慧化服务技术的基础上,不仅要有扎实的图书情报专业知识和外语功底,还要注重高校重点学科、特色学科的专业知识拓展。在学术调研中熟悉学科建设、专业设置标准和业界科研动态,以甘为人梯的奉献精神和一丝不苟的工作态度,从容应对高校对各类农业任务与科研服务的需求。

②着重提高农业学科馆员的信息素养

在智慧图书馆的建设过程中,农业学科馆员的信息素养直接体现为他们对各类信息技术设备操作的熟练程度。农业学科馆员在图书馆内对智慧型建设的发展起着决定性的作用。因此,图书馆需要特别关注农业学科馆员的培训和教育,包括各类新兴信息技术的讲座和科普,以及实践技能的专项培训。同时,可以通过派遣馆员参加其他高校的学术会议,让他们接触到关于图书馆信息化建设、智能化管理和智慧化服务的优秀案例,从而扩展他们在信息技术和服务领域的视野和知识储备。此外,针对不同农业学科馆员的业务领域和工作职责,图书馆还有责任定期开展能够提升他们服务质量的实践操作培训课程。这些培训课程应重点关注新型智能设备的实际操作流程、学科数据库数据的调取和整理方案、差异化业务系统的熟练运用能力培养，以及移动式图书馆各端口的建设和运营策略等。只有农业学科馆员熟练掌握了馆内服务所设计的信息技术，才能使目标图书馆的受众充分享受到全面、智能和智慧的馆内服务。

③重点关注农业学科馆员的奖赏评定

图书馆对馆内农业学科馆员所进行的奖励评定是馆内工作人员工作热情调动的核心手段。为了让此类激励手段得到有序有效地发挥，馆内人事管理部门必须从制度上对农业学科馆员的岗位职责和工作内容进行明确划分，搭建完善科学的高校图书馆农业学科馆员团队组建制度。在实际工作过程中，可通过为农业学科馆员安排专人专岗的工作方式，采用量化统计的方式完成馆内学科服务评价的便利化采集，将农业学科馆员在信息化服务和智能化服务中的表现效果纳入绩效考核范围和职员竞争机制。在对馆内工作人员进行日常智能化服务工作的例行考核和不定期抽查的影响下，农业学科馆员的服务质量和信息工作积极性将直接与其薪资待遇挂钩。图书馆则通过这种有效的方式推动馆员整体能力素养的提升，更好地支撑馆内各类智能化服务的覆盖和供应。

④重视农业学科馆员的人才引进

高素质农业学科馆员人才是支持高校图书馆实现智慧化服务的首要资源。只有通过科学化建设结构来保证馆员队伍的素质，农业学科馆员制度在图书馆现代化信息智慧化服务中才能持续发光发热。根据《普通高等学校图书馆规程》的要求，在高校图书馆的实际管理过程中，需要充分发挥所依托高校的学科专业力量和学科优势，组建与高校学科结构相匹配的农业学科馆员团队。为了确保农业学科馆员在智慧化服务过程中展现出有效的专业能力，高校图书馆所搭建的农业学科馆员团队的专业范围必须对应其所依托高校在教育科研过程中面向社会开放的全体专业及重点学科。从岗位专业设置的角度来看，近年来图书情报专业教育得到了广泛推广，高校图书馆的馆员大多具备图书情报专业学历背景。然而，考虑到智慧图书馆的发展历史，受到建设初期大量引进信息技术的影响，目前高校图书馆内部的农业学科馆员队伍还存在着大量当时引进的信息技术专业人才。随着高校教育的综合化发展，以上述两种专业背景为主的农业学科馆员构成显然无法适应愈发多元的高校学科设置和专业发展。因此，在招募农业学科馆员的过程中，高校图书馆应充分利用高校的后备人才资源库和毕业季校园招聘,招募具有差异化农业学科背景的馆员人才,必要时还可以请专业教师来辅助高校图书馆的智慧化服务,以进一步提升服务的专业性,共同实现学科服务智慧团队结构更加平衡优化的目标。

与传统的图书馆建设相比,新时代高校图书馆采取重用轻藏的理念,更主动、高效地向广大受众提供多元化、丰富多样、智能化的信息服务。需要注意的是,在不断升级的支持技术下,为提供智慧化服务而建设的高校图书馆始终处于持续探索的状态。在这个长期的探索过程中,构建具备卓越智慧化服务能力的科学馆员队伍,建设具有特色、专业、技术和智慧的农业学科馆员服务团队尤为重要。高校图书馆的农业学科馆员在为受众提供智慧化服务时,需要借助高校内部的智慧平台,为目标学科的特定受众提供更高层次的智慧化服务,最终实现对新时代高校图书馆整体智慧化服务功能和受众口碑的提升。

6.2 高校智慧图书馆与乡村文化振兴的关系

6.2.1 资源共享与支持

高校智慧图书馆拥有丰富的资源,这些资源可以通过网络技术与乡村地区的图书馆、文化活动中心等进行共享,为乡村文化振兴提供有力的知识支持。

(1)建立资源共享平台

高校智慧图书馆可以与乡村地区的图书馆、文化活动中心建立资源共享平台,通过网络技术实现数字资源的互联互通。这样,乡村地区的读者可以通过这个平台远程获取高校智慧图书馆的资源等。资源共享平台的建立将大幅拓宽乡村地区读者的知识视野,提供丰富的知识支持。

(2)提供专业知识支持

高校智慧图书馆拥有丰富的专业知识资源,可以为乡村地区的文化工作者提供支持。例如,高校智慧图书馆可以为乡村地区的文化项目提供研究资料,提供关于乡村文化振兴政策和实践的案例分析。通过这些支持,可以助力乡村文化工作的开展,促进乡村地区的文化振兴。

（3）促进乡村地区的读书活动

高校智慧图书馆可以与乡村地区合作,共同举办各种形式的读书活动,如读书沙龙、讲座、读书会等。通过这些活动,可以让乡村地区的居民接触更多优质的图书资源,提高他们的阅读兴趣和知识水平。

（4）深化双向互动与交流

高校智慧图书馆与乡村地区的图书馆和文化机构可以建立长期的合作关系,开展双向互动与交流。例如,高校智慧图书馆可以定期为乡村图书馆提供培训、技术支持等服务,帮助其提升图书馆管理和服务水平。同时,乡村地区可以向高校智慧图书馆提供宝贵的乡村文化资料和实践经验,促进彼此之间的共同发展。

通过以上合作方式,高校智慧图书馆可以为乡村地区的文化振兴提供有力的知识支持,推动乡村地区的文化发展和乡村振兴战略的实施。

6.2.2　技术支持与普及

高校智慧图书馆在数字技术、网络技术、人工智能等方面具有较高的水平。通过与乡村地区的图书馆、文化机构合作,提供技术支持,帮助乡村地区普及和应用先进的图书馆技术,提高乡村文化信息化水平。

（1）提供技术培训

高校智慧图书馆可以为乡村地区的图书馆、文化机构及相关人员提供全面的技术培训,包括数字资源管理、网络安全、多媒体制作等方面的技能。提供专业的培训,旨在提高乡村地区文化工作者的技术水平,使他们能够更好地利用现代科技手段进行文化工作。

（2）技术支持与咨询

高校智慧图书馆可以为乡村地区的图书馆和文化机构提供专业的技术支持与咨询服务,解决他们在数字化、信息化、智能化等方面遇到的问题,提升乡村文化设施的技术水平。

（3）信息化基础设施建设

高校智慧图书馆可以协助乡村地区的图书馆和文化机构进行信息化基础设施建设,例如提供网络建设、设备采购、系统搭建等方面的技术支持,使乡村文化设施能够实现现代化、智能化。

（4）推广先进技术应用

高校智慧图书馆可以将自身在人工智能、物联网、大数据等领域的先进技术应用推广至乡村地区,提高乡村文化服务的技术含量,为乡村居民带来更加便捷、智能的文化体验。

（5）开展科普宣传活动

高校智慧图书馆可以组织科普宣传活动,将科技知识普及至乡村地区,提高乡村居民的科技素养,激发他们对科技创新的兴趣。

（6）搭建技术交流平台

高校智慧图书馆可以搭建技术交流平台,促进乡村地区的文化工作者与高校智慧图书馆的技术人员互动交流,共享最新的技术信息与经验,提升乡村地区文化工作的整体水平。

（7）实施技术合作项目

高校智慧图书馆可以与乡村地区的图书馆、文化机构开展技术合作项目,共同研发适用于乡村文化发展的技术产品和服务。例如,开发乡村特色的数字资源库、设计智能化的乡村文化活动平台等。

（8）创新科技成果转化

高校智慧图书馆可以将自身的科技成果转化为具体的技术产品和服务,帮助乡村地区解决在文化发展过程中遇到的实际问题,提升乡村文化振兴的实效性。

（9）促进数字文化资源共享

高校智慧图书馆可以与乡村地区的图书馆、文化机构建立数字文化资源共享机制,实现资源的优化配置,扩大乡村居民的文化视野。通过共享资源,让更多人能够享受到高质量的文化服务,丰富乡村文化生活。

6.2.3　乡村文化研究与传播

高校智慧图书馆可以通过收集、整理和研究乡村地区的文化资料,挖掘乡村文化的内涵和价值,为乡村文化振兴提供理论支持。同时,利用网络平台和多媒体手段,将乡村文化传播给更广泛的读者群体。

(1)开展乡村文化研究

高校智慧图书馆可以利用其丰富的研究资源,积极开展乡村文化研究。对乡村文化的历史、现状和未来发展趋势进行深入研究,为乡村文化振兴提供理论支持和实践指导。可以从政策层面分析乡村文化保护与传承的问题或探讨乡村文化与社会经济发展的关系等方面展开研究。同时,还可以从乡村传统文化、民俗风情、地域特色等方面深入挖掘,为乡村文化的保护与传承提供具体建议。

(2)乡村文化传播与推广

高校智慧图书馆可以利用自身的网络平台和社交媒体渠道,积极推广乡村文化。例如,可以通过组织线上展览、创作乡村文化主题的视频、文章等形式,向公众展示乡村文化的内涵与特色,让更多人了解、关注和喜爱乡村文化。此外,可以借助各类文化节庆、宣传活动等机会,将乡村文化融入社会大众的日常生活中。

(3)充实乡村图书馆资源

高校智慧图书馆可以通过图书捐赠、资源共建等方式,帮助乡村地区的图书馆丰富资源,提高服务水平。可以向乡村图书馆捐赠相关的图书、期刊、报纸等,也可以提供数字化的文献资源和电子书籍等。高校智慧图书馆还可以为乡村图书馆提供专业的图书采购指导和建议,帮助他们更加精准地满足乡村居民的阅读需求。

(4)跨界合作与创新

高校智慧图书馆可以与乡村地区的企业、社会组织、学校等多方合作,共同开展乡村文化振兴项目。可以通过跨界合作,在资源整合、项目经验、技术创新等方面进行合作与交流,共同推动乡村文化的传承与发展。例如,可以与当地企业合作开展乡村文化产业项目,促进乡村经济的发展;可以与社会组织合作举办乡村文化艺术活动,提升乡村文化的影响力;还可以与学校合作开展乡村文化教育项目,培养乡村文化传承人才等。通过跨界合作与创新,打破传统界限,实现资源和优势的互补,为乡村文化振兴注入新的活力。

6.2.4 社会责任与公益活动

高校智慧图书馆可以积极参与乡村地区的文化教育和公益活动,组织图书捐赠、文化志愿者服务等,为乡村文化振兴贡献力量。

例如,针对当地教育资源匮乏的问题,某高校智慧图书馆组织开展了"数字教育资源进校园"项目。通过为学校提供电子教材、在线学习平台、教育游戏等数字教育资源,帮助学生拓宽知识视野,提高学习效果。同时,该图书馆还定期组织线下培训课程,帮助乡村教师提升信息化教育水平,促进乡村教育的现代化发展。

某高校智慧图书馆组织开展了"乡村文化保护与传承"讲座活动。该讲座邀请了高校专家和学者,介绍了乡村文化的历史、文化底蕴、文化保护等方面的知识。同时,该图书馆还向当地赠送了多种文化保护和传承的图书、影像资料等,为乡村居民提供更多的文化教育资源。

某高校智慧图书馆举办了"书香乡村,共享阅读"公益活动。该活动包括开展阅读分享、图书捐赠、读书讲座、阅读体验等多个环节,旨在推广阅读文化,激发居民的文化参与热情。该图书馆还组织了志愿服务团队,为当地的乡村小学和图书馆提供书籍整理、维护等志愿服务。

某高校智慧图书馆与当地乡村文化机构合作,建立了"数字文化创意平台"。该平台通过数字化、信息化、智能化等技术手段,整合乡村文化资源,展示乡村文化风貌,促进城乡文化融合发展。同时,该图书馆还定期组织文化展览、文化交流访问等活动,拓宽乡村居民的文化视野,促进城乡文化交流和互动。

某高校智慧图书馆通过与当地乡村合作,开展"乡村青年就业创业培训"项目。该项目提供职业培训、创业指导、就业信息发布等服务,帮助乡村青年了解职业市场和就业趋势,提高自身的就业能力。同时,该图书馆还为乡村青年提供创业孵化服务、就业推荐等支持,帮助乡村青年创新创业,实现就业增收。

以上案例可以看出,高校智慧图书馆通过不同的方式参与乡村地区的文化教育和公益活动,为乡村居民提供文化教育资源和服务,促进乡村文化的振兴和发展。同时,通过参与乡村文化教育和公益活动,高校智慧图书馆也能够拓展自身的社会责任和影响力,促进高校与社会的融合发展。

6.3　高校智慧图书馆助力乡村文化振兴的策略与路径

6.3.1　高校智慧图书馆助力乡村文化振兴的策略

高校智慧图书馆作为知识的宝库和信息的中心,可以通过以下多种策略助力乡村文化振兴:

(1)资源共享策略

高校智慧图书馆可以与乡村图书馆或文化中心通过网络平台进行资源共享。例如,提供电子书籍、期刊、在线课程等资源供村民免费访问,同时向村民提供知识咨询和技术支持。

(2)乡村文化研究策略

高校智慧图书馆可以支持和推广乡村文化研究。例如,设立乡村文化研究基金,鼓励学者和学生对乡村文化进行深入研究;举办乡村文化研究论坛,展示和讨论最新研究成果;通过数字化技术,收集、整理和保存乡村文化资料,为乡村文化振兴提供科学依据。

(3)乡村文化教育策略

高校智慧图书馆可以开展乡村文化教育活动,提高乡村居民的文化素质和生活水平。例如,开设乡村文化课程,讲解乡村历史、传统艺术、农业科学等内容;组织乡村文化讲座和展览,普及乡村文化知识和价值;推广乡村文化创新实践,例如乡村手工艺、绿色农业等。

（4）乡村文化交流策略

高校智慧图书馆可以建立乡村文化交流平台,增进城乡之间的理解和友谊。例如,可以邀请乡村艺术家和居民来校进行展示和讲解;组织学生到乡村进行实地学习和社会服务;举办乡村文化节,展示乡村的风土人情和生活艺术。

（5）乡村信息化策略

高校智慧图书馆利用信息技术专长,帮助乡村提高信息化水平。例如,提供乡村图书馆信息系统的设计和维护服务;开设信息技术培训课程,提高乡村居民的信息技术能力;推广智能农业和电子商务等现代技术,帮助乡村实现经济和文化的现代化。

（6）公共服务策略

高校智慧图书馆通过提供公共服务,满足乡村居民的多元化需求。例如,开放图书馆空间和设施,供乡村居民学习和休闲;提供远程医疗、法律咨询等公共服务;参与乡村社区建设和公共决策,贡献智慧和力量。

（7）社区参与策略

高校智慧图书馆鼓励学生和教师参与乡村社区活动,提供志愿者服务,参加乡村文化节,进行乡村研究等。提高他们的社会实践能力,增进他们对乡村文化的了解和尊重。

（8）人才振兴策略

高校智慧图书馆与各乡村的乡贤做好对接,与乡贤共同拟定服务计划、内容和方式,并引入激励机制。号召高校毕业生主动选择乡村振兴事业,挖掘和利用乡村精神文化阵地,开展文明理念传播、文明行为倡导等活动。让新时代的人才从精神上为乡村振兴筑起一道护堤。

总的来说,高校智慧图书馆可以通过资源共享、乡村文化研究、乡村文化教育、乡村文化交流、乡村信息化、公共服务、社区参与和人才振兴等策略,助力乡村文化振兴。这需要图书馆、高校、乡村和社会各方的共同努力和合作。

6.3.2　高校智慧图书馆助力乡村文化振兴的途径

高校智慧图书馆在乡村文化振兴中的作用日益凸显。它们不仅能为乡村提供丰富的学术资源,还能通过各种途径为乡村文化振兴提供智力支持和技术服务。以下将详细论述高校智慧图书馆助力乡村文化振兴的途径,并结合实际案例进行阐述。

(1)资源共享途径

智慧图书馆可以通过网络平台与乡村图书馆或文化中心进行资源共享,丰富乡村的文化资源,提高乡村居民的知识素养。可以建立资源共享平台,提供电子书籍、期刊、在线课程等资源的免费访问。同时,图书馆还可以向乡村居民提供知识咨询和技术支持,帮助他们有效利用这些资源。

(2)乡村文化研究途径

智慧图书馆可以支持和推广乡村文化研究,为乡村文化振兴提供科学依据。可以设立乡村文化研究基金,鼓励学者和学生对乡村文化进行深入研究。可以举办乡村文化研究论坛,展示和讨论最新的研究成果。通过数字化技术,收集、整理和保存乡村文化资料。

(3)乡村文化教育途径

智慧图书馆可以开展乡村文化教育活动,提高乡村居民的文化素质和生活水平。可以开设乡村文化课程,讲解乡村历史、传统艺术、农业科学等内容。可以组织乡村文化讲座和展览,普及乡村文化知识和价值。还可以推广乡村文化创新实践,例如乡村手工艺、绿色农业等。

(4)乡村文化交流途径

智慧图书馆可以建立乡村文化交流平台,增进城乡之间的理解和友谊。可以邀请乡村艺术家和乡村居民来校进行展示和讲解。可以组织学生到乡村进行实地学习和社会服务。还可以举办乡村文化节,展示乡村的风土人情和生活艺术。

(5)乡村信息化途径

智慧图书馆可以利用其在信息技术方面的专长,帮助乡村提高信息化水平。可以提供乡村图书馆信息系统的设计和维护服务。可以开设信息技术培训课程,提高乡村居民的信息技术能力。还可以推广智能农业和电子商务等现代技术,帮助乡村实现经济和文化的现代化。

（6）公共服务途径

高校智慧图书馆可以通过提供公共服务,满足乡村居民的多元化需求。可以开放图书馆空间和设施,供乡村居民学习和休闲。可以提供远程医疗、法律咨询等公共服务。还可以参与乡村社区建设和公共决策,贡献智慧和力量。

（7）社区参与途径

高校智慧图书馆可以鼓励学生和教师参与乡村社区活动,这不仅可以提高他们的社会实践能力,也可以增进他们对乡村文化的了解和尊重。例如,某大学图书馆通过"乡村振兴志愿者服务队",定期组织学生和教师到乡村进行志愿者服务,如教育辅导、科技推广、文化活动等。同时,该图书馆还开设了"乡村研究项目",鼓励学生和教师深入乡村进行实地研究。

总的来说,高校智慧图书馆通过资源共享、乡村文化研究、乡村文化教育、乡村文化交流、乡村信息化、公共服务和社区参与等途径,可以有效地助力乡村文化振兴。这些途径不仅能够丰富乡村的文化资源,提升乡村居民的文化素质,还能增进城乡之间的理解和交流,推动乡村社区的整体发展。

然而,实现这些途径的效果并不容易,需要图书馆、高校、乡村和社会各方的共同努力和合作。具体来说,图书馆需要提供丰富的资源和专业的服务,高校需要提供支持和培训,乡村需要提供参与和反馈,社会需要提供资金和政策。

实践证明,高校智慧图书馆在乡村文化振兴中可以发挥重要的作用。不仅可以通过提供学术资源和专业服务,增强乡村的文化底蕴,还可以通过推广乡村文化研究和教育,提高乡村居民的文化素养。更重要的是,可以通过建立城乡交流平台,增进城乡之间的理解和友谊,推动城乡一体化的进程。

未来,随着科技的发展和社会的进步,高校智慧图书馆的角色将会更加重要,其在乡村文化振兴中的作用也将更加明显。希望高校智慧图书馆能够抓住这个机会,积极发挥自己的优势,为乡村文化振兴做出更大的贡献。

第 7 章 高校智慧图书馆助力乡村文化振兴的案例分析与趋势展望

7.1 高校智慧图书馆与乡村农家书屋的合作

7.1.1 案例背景

文化振兴是实现乡村振兴的思想保障。它从铸魂凝神、文化滋养乡情等方面展开,旨在加强农村思想道德建设和公共文化建设,深入挖掘优秀传统农耕文化,培育乡土文化人才。乡村振兴战略规划强调以社会主义核心价值观为引领,采取符合农村、乡村居民特点的有效方式,深化中国特色社会主义与中国梦宣传教育,大力弘扬民族精神与时代精神。同时,培养和引导人才为乡村振兴的发展提供支持,建立完善的乡村治理体系,继续传承乡村文化,并使乡村文化持续繁荣发展。其目的在于培育文明乡风、良好家风、淳朴民风,改善乡村居民精神风貌,提高乡村社会文明程度。

自 2007 年起,农家书屋开始在全国范围内推广。经过十余年的发展,已经几乎覆盖了全国的所有行政村。2019 年 2 月,中宣部等十部门印发《农家书屋深化改革创新 提升服务效能实施方案》。该方案旨在推动农家书屋在新时代的改革创新和持续发展,使其在乡村振兴中发挥更大的作用。方案提出了一系列的措施,包括创建示范书屋、建设高标准规范化书屋、促进数字化进程等,旨在改善农家书屋的现状,有效利用书屋资源,提供符合农村居民需求的内容和服务,并加快书屋的数字化进程。通过解决问题和总结经验,逐步实现农家书屋活力四射、人气旺盛的可持续发展新态势。该方案强调了深化改革创新,提高服务质量,合理改造欠发展的书屋,并解决现实问题。通过创建示范书屋和高标准规范化书屋,提升农家书屋资源利用和数字化进程,实现可持续发展。这将帮助更多乡村居民培养阅读习惯,提升农村地区的整体文化水平和素质。2021年2月21日,中共中央、国务院再次强调了乡村建设在社会主义现代化建设中的重要地位,再次凸显了农家书屋在推动乡村振兴中的作用。

方案致力于推动农家书屋在新时代的改革创新和持续发展,使其在乡村振兴中发挥更大的作用。该方案提出了如下几项重点工作:

(1)创建示范书屋

通过创建一些优秀的示范书屋,引领其他书屋的改进和提升。示范书屋将成为农村居民阅读、学习和交流的重要场所,为乡村振兴提供有力支撑。

(2)规范化建设

打造一批高标准的规范化书屋,确保书屋的基础设施和管理达到一定的标准。规范化书屋将提供良好的阅读环境和服务,让更多农家书屋实现有效改善。

(3)提高服务质量

通过深化改革创新,提升农家书屋的服务质量。包括加强培训,提升工作人员的专业素养;完善服务内容,满足农村居民的需求;优化服务流程,提高服务效率。

(4)数字化进程

加快书屋的数字化进程,提供更多的在线阅读资源和数字化服务。通过电子平台,提供符合农村居民需求的内容和服务,让书屋资源得到更有效的利用。

通过上述工作,该方案旨在实现农家书屋的可持续发展。在解决问题和总结经验的基础上,逐步实现农家书屋活力四射,人气旺盛的新态势。

7.1.2 农家书屋的服务现状调查分析

(1)农家书屋现状调查

农家书屋工程自2007年开始实施,到2022年基本实现了对H省所有行政村的全面覆盖。这一成就获得了多项国家级奖励和荣誉。由于资金和时间的限制,以及当时客观因素的影响,笔者的实地调查受到了限制,无法对 R 市所有行政村的农家书屋逐一进行问卷调查。因此,笔者随机选择了四个邻近的行政村的农家书屋,并在假日和周末的时间进行了多次实地调查。此外,笔者还结合网络研究和文献研究方法,全面了解该地区农家书屋的服务现状以及农村居民的需求和满意度等问题。

①研究样本和方法

笔者通过问卷调查、实地体验和走访记录等方式,了解农家书屋的发展和服务现状。笔者向这四个行政村的居民发放了调查问卷,并体验了当地农家书屋的服务。同时,与书屋的管理人员、相关负责人以及前来阅读的居民进行了交流,详细了解了他们实际的服务情况。期间共发放了 140 份问卷,收回了 130份,其中有效问卷为 127 份。调查问卷主要了解调查对象的个人基本信息,他们对书屋的了解和使用情况,书屋提供的服务情况,以及用户对书屋服务的满意程度和对信息资源以及文化建设的需求程度等。

②调查结果及分析

对收集的有效问卷进行数据分析后,得出了一些有趣的结果。首先,大多数回答者对农家书屋的存在和功能有一定认识,这表明农家书屋在社区的知名度相当高。其次,大多数回答者表示会定期访问农家书屋,使用其提供的各类服务,这说明农家书屋在日常生活中起到了重要的作用。然而,笔者也注意到,有一部分回答者对书屋提供的服务并不十分满意,希望信息资源能够更新,文化活动更加丰富。此外,尽管农家书屋提供了一系列服务,但很多居民表示希望书屋能提供更多关于农业技术和市场信息的资料。这说明在推进农村文化振兴的同时,农家书屋也需要更好地满足农村居民在生产生活上的需求。

通过实地走访和体验,笔者深入了解了农家书屋的运营现状和存在的问题。虽然大多数农家书屋的环境整洁、设施完备,但也存在一些问题,比如开放时间不足和服务人员缺乏专业知识等。总的来说,农家书屋在服务农村居民、推进乡村文化振兴方面发挥着重要作用,但也有一些需要改进和完善的地方。今后我们需要更注重农家书屋的建设和管理,提高服务质量,以满足农村居民的需求。

（2）农家书屋的服务现状分析

农家书屋均按照国家的统一标准设立，配备各种图书、报纸等资源，以及一系列基础设施，如书架、桌椅和电子设备等。书籍是通过县级图书馆或新华书店统一采购和分发的，主要包括儿童文学、政治经济、生活、文化、科技和其他类别的图书。每年，国家都会提供资金支持书屋更新图书，乡镇和村庄也会按照图书的类别为其贴上标签并进行登记。中央和地方政府已为农家书屋投入超过 100 亿元的资金。按照每个书屋配备不少于 1500 册图书，不少于 20 种报刊，不少于 100 种电子音像产品。这些措施解决了 8 亿乡村居民的阅读问题，每个乡村居民平均拥有 1.13 本书籍。[①]

在农家书屋工程补充更新阶段，财政部按照每个书屋 2000 元的标准安排补充资金。中央财政每年拨款 6 亿元用于农家书屋补充更新。书屋内还需要在墙上张贴完整的规章制度和借阅规则，供读者参考和遵守。此外，书屋还配备有图书借阅登记簿、活动和值班记录簿、读者需求和意见登记簿等。

（3）农家书屋服务存在的问题

农家书屋是为了提供书籍阅读和文化传播平台而设立的。尽管有些农家书屋已经成为示范、卓越或标杆书屋，但一些地区的书屋仍然面临发展难题。农村地区阅读习惯和文化吸纳能力较弱，经济发展滞后等问题导致农家书屋的功能未能充分发挥，服务成效未达到初衷。经实地考察和研究发现以下问题：

①书屋管理制度不健全，建设主体单一。农家书屋主要由新闻出版部门负责监管，由行政村自行运营，缺乏科学管理和引导，容易导致管理混乱。许多书屋的制度仅停留在形式化层面，未形成规范管理体系。图书流转过程无法实时登记，导致丢失、保管不当等问题，对书屋的发展极不利。

②农家书屋的经济保障无法持续，资金来源有限。政府财政预算有限，无法全面支持书屋的发展；社会资助不稳定。阅读环境和方式需要改进，数字化建设需要资金投入，仅靠财政补助难以摆脱发展困境。

③部分书屋的资源分配不合理。采购和配送书籍过于刻板，不符合当地需

---

① 中国农家书屋网：《农家书屋工程简介》，https://www.zgnjsw.gov.cn/booksnet-works/contents/403/250517.shtml。

求。政府在配置书屋资源时应根据当地产业发展和居民需求,有针对性地考虑书籍资源分配。应多与居民进行交流,了解实际需求,避免书籍供应和需求错配,确保图书有效利用。

④书屋缺乏经验丰富的专业人员,人员配备不足。管理和运营缺乏专业人员,大部分年轻劳动力选择外出工作,导致服务人员减少,读者流失。依靠留守村民管理书屋,缺乏经验丰富、文化水平较高的管理员,问题无法及时解决,形成恶性循环。

⑤数字化建设滞后,技术援助不充分。农村已实现全覆盖的网络接入,农家书屋在数字化方面不足,数字资源配置处于初级阶段。应与外部合作,推进数字化改进。

⑥书屋使用者的主体认识不足,未能充分发挥其主导作用。尽管乡村居民群体是文化惠农工程的受益对象,但由于各种原因,他们长期缺乏表达的途径,参与的积极性也逐步消退。

同时,农家书屋用户年龄分布极端化、用户文化水平较低、缺少阅读习惯、书屋的宣传不足、基础设施不完善、地方领导对此的关注度不够、存在认识误区等现象,也成为书屋发展所面临的难题。

7.1.3　高校智慧图书馆采用精准服务模式助力农家书屋建设

高校智慧图书馆借助自身优势,采用精准服务模式,从数据资源架构层、技术处理支撑层、服务内容实施层、用户服务互动层 4 个方面,助力农家书屋建设。

(1) 数据资源架构层

农家书屋需要建设一个完善的数据资源架构层,以提供精确的服务。传统的内部资源无法满足新时代农家书屋用户群的需求,因此需要借助政府和社会力量加速资源架构的建设。与高校智慧图书馆合作,建立网络连接,将线上和线下的综合资源整合起来,这不仅可以为图书馆进行宣传,也能有效提升其他图书馆的公益服务能力,推动他们有效、合理地利用资源,防止资源的浪费和闲置。通过网络,建立书屋的门户网站,设置不同的导航模块,为不同的读者在农业技术、儿童发展、健康养生、兴趣培养等领域提供多元化的选择,获取他们真正需要的信息资源。利用大数据扩大农家书屋的服务范围,增加资源数量,从而拓展服务形式,更精准地推送需求信息和个性化服务。同时,也要及时更新线下资源,确保信息、图书等的时效性。为了实现精准服务,我们还需要建立农家书屋用户的数据库,利用技术分析和挖掘用户需求,收集他们的意向和选择信息,并定期更新数据,以此构建一个全面的用户数据库,为实现精准服务提供合理的支持。

(2)技术处理支撑层

技术支持是精准服务的核心,技术在整个精准服务模型中需要在各个层面进行多方位应用,我们要改变传统的服务观念,充分将技术服务思维应用于农家书屋的精准服务中。尽管农家书屋只是农村的服务机构,但技术在提取农家书屋用户信息,整合信息资源,配备信息推送等方面都是不可或缺的。因此,实现农家书屋精准服务模式需要先进的技术支持,高校智慧图书馆与农家书屋合作,为其提供一些基础性、可操作的技术支持。通过用户画像技术采集服务对象信息,利用异构数字资源整合技术转换和整合网络数据资源,利用信息挖掘技术提取用户需求等。

(3)服务内容实施层

精准服务的业务层同时也是服务的实施层,可以提供多种形式的服务,比如线上线下服务的融合、场景化服务、个性化推荐服务等。为了满足服务类型的多样性,需要精心规划并组织服务方式,有针对性地选择服务方式,以便为农家书屋的用户提供精准服务。农家书屋需要将传统的基础服务与新型的特色服务相结合,通过利用专业技术和优质资源整合,对服务内容和方式进行优化和组织,为用户提供比以往更专业、更个性化的服务。农家书屋还可以开展定制服务、导航服务、交互服务等,无论是基础服务还是特色服务,都可以充分利用经过预处理的资源,保证精准服务的内容支持。

(4)用户服务互动层

精准服务体现在用户与服务提供者之间的互动上,这也是服务的最后阶段。只有当服务被用户接受,用户享受到服务内容时,精准服务过程才算完成。通过多个层次的整理和配合,将一份精准的服务方案呈现给服务对象,使其与服务过程互动,满足其个性化需求,让用户享受到优质的服务体验。随后,用户对服务进行反馈,并对服务效果进行评价和评分,将这些反馈提交给服务终端。通过整理这些反馈和建议,可以为农家书屋提供改进的建议和改进方向,从而提高服务的精准性和用户满意度。及时提升服务效能有助于农家书屋的稳定发展并提高服务的效力。

7.1.4　高校智慧图书馆助力农家书屋建设成效显著

(1)农家书屋举办多样化的文化活动,吸引了乡村居民的积极参与。针对当地的民俗习惯和政府政策,农家书屋推出了丰富多彩的文化阅读活动。在 R 市的实地调查中发现,多个行政村的农家书屋都曾举办过文化阅读活动,如全民阅读活动、图书展览、征文活动以及暑期阅读活动等。这些活动丰富了农村的文化生活,并为乡村中小学生提供了借阅服务。此外,农家书屋还成为全省评选"书香之村"的指标之一,取得了显著的成效。

(2)农家书屋通过农业技术培训和讲座提升乡村居民的劳动技能。R 市的农家书屋定期举办技术交流讲座,邀请专业人员和经验丰富的养殖专家为乡村居民讲解养殖技巧和农业知识。这些讲座和培训不仅提高了乡村居民自身的专业技能,还发挥了书屋帮助乡村居民脱贫的作用。农家书屋为乡村居民群众提供技术指导和咨询服务,使得农户在家门口就学到专业的知识和技能。此外,农家书屋的数字化升级改造为基层民众的文化需求提供了便利的服务方式和多元化的选择空间,丰富了农家书屋服务的形式。

(3)农家书屋不断完善服务系统和管理规程。R 市采取了总分馆制度,统一管理并协调图书馆和农家书屋之间的资源和服务。同时,图书借阅规则逐步完善,服务设施也更加齐全,服务渠道更加多样化。农家书屋由过去被忽视的"小破屋",逐渐转变成了乡村居民们赖以致富的"宝藏书屋"。

(4)农家书屋采取多元化扩展,增强服务功能。R 市农家书屋积极实施"1+N"的模式,拓宽了农家书屋的功能。书屋不仅提供文化服务,还支持乡村复兴和发展的各种工作。通过智能书柜和智能书巢等设备,提供全天候的图书借阅服务,实现无人管理、无需接触的持续开放借阅。此外,通过"互联网+农家书屋+电子商务"项目,引导乡村居民学习创收,丰富了农家书屋的服务功能,为乡村复兴提供强大支持。

（5）农家书屋数字化服务显著提升。R市文化局为农家书屋配备了电脑、E农移动影库等数字化设备，提供丰富多彩的免费文化阅读内容。同时，移动阅读APP"云书屋"为用户提供便捷的在线阅读服务。此外，农家书屋还通过互联网技术举办各种特色活动，展现其主题特色，为乡民提供形式多样、内容丰富的在线阅读文化体验。借书方式也更灵活，推出线上预约借书服务，为农家书屋的用户提供更便利的服务。

（6）乡村居民的阅读资源得到了显著增加。他们可以在家门口就访问到各地的优质图书资源。个性化的图书推荐服务使得乡村居民可以更快更准确地找到自己感兴趣的书籍，提高了阅读效率和满意度。读者教育活动丰富了乡村文化生活，提高了乡村居民的阅读兴趣和能力，增强了他们的文化自信。

高校智慧图书馆通过技术手段和资源共享，将部分图书资源数字化和在线化，打破了地域和资源的限制，使乡村居民可以享受到与城市居民同等的阅读资源。个性化的图书推荐和读者教育活动则进一步提高了乡村居民的阅读体验和文化素质。这个案例表明，高校作为科技和文化的重要载体，可以通过合作项目，发挥其在乡村文化振兴中的重要作用。

综上所述，高校智慧图书馆对于农家书屋建设的帮助效果显著。它通过数字化服务、多元化拓展以及完善的服务系统和管理规程等方式，使得农家书屋成为乡村居民热爱的文化阅读中心，并且推动了乡村文化的振兴。

7.2　高校智慧图书馆的数字化阅读平台助力乡村文化建设

7.2.1　案例背景

在数字化时代中，传统的图书馆正面临读者数量下滑的严重问题。这主要是因为读者的阅读模式已经发生了转变。首先，图书馆实体书借阅量普遍下降。其次，图书馆的用户开始更倾向于使用网络、手机、电子阅读器等新兴媒体进行社交化阅读。这种情况导致了图书馆用户的流失现象。在这样的数字化背景下，传统图书馆应如何重塑自身定位，如何保留用户，这引发了行业内新一轮的思考。业界达成的共识是，图书馆需要加强阅读推广活动以提高用户黏性,并深入挖掘用户新的信息需求,以促进其回归。

同时,数字化阅读的兴起和发展也引发了出版和阅读界的翻天覆地的变化。网络阅读资源的丰富性、阅读媒介的变革,改变了读者的思考方式和认知方式,最终改变了阅读方式和生活方式。最明显的变化是读者的阅读方式转变,使用电脑、电子阅读器等工具进行在线阅读、移动阅读的用户数量呈上升趋势,从而改变了读者群体的阅读行为模式。网络阅读资源不仅有电子书籍阅读平台,还有各种在线听书网站、APP 应用等,这些都极大地丰富了内容。这些多媒体化的新选择将推动习惯于传统文字阅读的读者的阅读习惯发生改变,由主动阅读文本,转变为被动接收听声音和看动态图像的信息。

随着网络技术的进步,网络阅读逐步取代了传统的阅读方式,已成为当前阅读发展的必然趋势。在这一过程中,数字化阅读平台迅速崛起,成为连接和整合网络用户的最强大平台。作为一个重要的网络应用,数字化阅读平台对网络阅读起到了重要的推动作用,用户的阅读行为也因科技手段的介入而发生了新的变化。数字化阅读平台中包含丰富的多媒体阅读资源,用户以更社交化、本土化、移动化的方式进行阅读、交流和分享,使得数字化阅读平台成为构成人们网络生活的重要组成部分,也成为网络阅读的基地。在这一过程中,网络读者由原本分散的存在,发展为通过网络聚集在一起的存在,形成了以兴趣和爱好为基础的数字化阅读平台。这些平台的成员在现实中可能互不认识,但因为共同的兴趣、爱好、类似的背景、分享情感经验和信息的动机等原因,在网络的虚拟世界里建立起人际关系。网络的虚拟性和用户身份的匿名性使得这种人际关系呈现出虚拟性、随意性、自由性等特征,人们的交往受现实社会交往规则的约束较少。

研究数字化阅读平台中用户阅读的现状和特征,以及其中的人际互动关系对阅读的促进作用,借鉴成功的数字化阅读平台在提高用户的忠诚度、资源贡献量以及评论交流活跃度等方面的优势和经验,将有助于推动图书馆在数字环境下推广阅读服务,发挥重要作用。

数字化阅读平台可以集合大量的图书、文章和其他阅读材料,这些资源对于乡村地区的读者来说可能难以获取。这不仅可以满足乡村居民的阅读需求,还可以提供各种与乡村文化相关的信息和知识,促进乡村文化的传播和保护。乡村文化是一种非物质文化遗产,需要通过口头传承和实践经验才能继续传承。数字化阅读平台可以提供一个平台,用于记录、保存和传播乡村文化,从而保护乡村文化不被遗忘。

通过数字化阅读平台,乡村居民可以接触到更多的教育资源,从而提高他们的知识水平和生活能力。同时,这也可以帮助乡村地区培养出更多的人才,为乡村经济发展提供人力资源支持。数字化阅读平台可以帮助乡村居民建立起共享的阅读习惯和兴趣,从而增强社区的凝聚力。同时,数字化阅读平台还可以为乡村地区带来新的经济发展机遇。例如,乡村作家可以通过平台发布他们的作品,从而获得收入;乡村企业也可以通过平台进行宣传和营销,提高产品的知名度和销售量。这些机遇可以促进乡村地区的经济发展,增加就业机会,改善居民的生活状况。

7.2.2 数字化阅读生态研究与解析

数字化阅读正在逐渐改变人们的生活习惯。在"互联网+传统产业"的融合下,传统阅读行业的商业模式和运营法则必将发生变革,从而重塑阅读产业链条和产业生态布局,孕育出全新的业态。H省的高等院校图书馆对本省农家书屋的图书借阅情况进行了两轮调研,研究结果如下:

(1)大学图书馆纸质图书借阅服务现况研究结果

在网络环境的影响下,纸质图书的借阅率受到了冲击,这对各类图书馆来说都是一个生存挑战。通过研究特定高校图书馆的纸质图书流通数据和增长率,发现尽管纸质图书的借阅量普遍减少,但近年来借阅率的下降可能暗示着有反弹的可能性。为了促使大学图书馆的读者能够快速、理性地回归阅读,需要积极改变服务方式,以适应当前读者的阅读行为偏好,并加强对读者阅读服务和宣传的定位。图书馆必须主动进行变革,采纳新的阅读服务模式和宣传方法,吸引读者回归,并借鉴成功商业阅读社区的经验,留住读者。

(2)大学生数字化阅读行为问卷调研结果

《数字化阅读行为问卷调研》得出的统计数据揭示了数字时代读者的阅读行为特点和数字化阅读需求。根据这些数据,可以总结如下几点:

①阅读方式

大多数读者喜欢按照从头到尾的顺序阅读,更倾向于下载数字化阅读材料后进行离线阅读。因此,在设计数字化阅读内容时,需要关注合理的布局、适当的难度,并提供方便的下载获取功能。

②数字化阅读评价

数字化阅读因其便捷性而受到读者青睐,这也是读者选择数字化阅读的主要原因。然而,与传统文本相比,数字化阅读对视力的损害是最大的缺点。在建立虚拟阅读社区时,应该充分发挥数字化阅读的优势,同时采取技术手段将对视力的损害降到最低。

③支付意愿度

研究表明,读者对付费阅读资料的接受程度相对较低,对必要付费的资源心理预期的价格区间也偏低。这间接证明了构建公益阅读社区的重要性,只有提供免费的公共服务,才能更好地满足读者的需求。读者对付费资源接受度低的原因可能源于对版权的认知不足。

④资源获取途径需求

提供全站搜索和多元化的资源获取途径可以满足读者的需求,促进读者之间的资源共享和推荐。

⑤阅读延伸需求

设立作品评论区和融合外部资源可以拓宽读者的阅读范围,满足他们对更多阅读交流的需求。

⑥对图书馆服务的需求

读者对图书馆服务有一些期望,比如易于理解和获取的电子书目录,以及阅读引导等。图书馆可以通过线上线下的阅读引导和互助式交流活动来满足读者的需求。

以上 6 点总结为大学图书馆虚拟阅读社区的各个功能板块设计提供了重要参考。这样的设计可以实现数字化阅读的推广和阅读指导目标,并且在线上线下提供一体化的服务。

7.2.3　智慧图书馆虚拟阅读社区设计需求探讨

（1）阅读需求

移动互联网时代,也被称为社交媒体时代,用户在阅读过程中通常有社交分享的需求。对于阅读者来说,他们希望有一个一体化、实时的平台来表达自己的观点和提议,包括分享阅读信息、交流阅读感受,甚至提出购买纸质书籍的需求,以及对图书馆服务的反馈和阅读相关社团的活动信息等。在这个过程中,社区成员的线上和线下社交活动同步进行,阅读需求不断产生并得到满足。

作为乡村阅读文化生活的重要平台,虚拟阅读社区的建立必须考虑到不同阅读群体的需求。它既要成为阅读和交流讨论的社区,也要成为读者创作发布作品的社区,收藏作者的手稿或 PDF 扫描件,使其成为乡村生活历史记忆的一部分。这两者在功能上有所区别,但又紧密相连。图书馆虚拟阅读社区在设计过程中需要融入学生的校园生活,成为学生个人作品储存库、校园生活信息中心,提高高校园读者的网络黏度,实现更优质的阅读与分享体验。

（2）服务需求

传统纸质图书的借阅数量正在下降,图书馆读者的流失已经是一个不可否认的现实。然而,要复制商业阅读社区的成功模式并不现实,因为图书馆具有其自身的公益性、服务性和教育功能。图书馆管理员有责任提高图书馆资源的利用效率,也有义务帮助读者提升其文化修养。因此,学习专业论坛社区和阅读平台的成功经验,并将其与图书馆的业务流程和工作实践有机融合,以提供高品质的阅读服务来吸引读者,才是图书馆建立虚拟阅读社区的根本目标。

同时,图书馆作为信息、知识资源等社会经验储存、整理和传播的社会机构,拥有专业的图书管理员和大量优质的阅读资源,以及知识交流和系统建设的经验。因此,图书馆个性化虚拟阅读社区的建设是可行的。由图书馆主导的虚拟阅读社区倾向于在移动阅读和网络阅读领域聚集阅读者,通过线上和线下活动吸引阅读者参与阅读活动,并以本土化的模式为阅读者提供便捷的个性化阅读服务,如推荐书籍、导读书评、读书会、读书节等活动。通过这些举措,引导读者关注图书馆资源,使其成为图书馆资源推广的窗口和阅读指导站,增强读者对图书馆的依赖性、参与性和认同感。

7.2.4　智慧图书馆数字化阅读社区构建原则

（1）增进图书馆阅读服务

图书馆构建数字化阅读社区的首要准则应当是增进图书馆的阅读服务,即最大化利用图书馆现有资源为读者提供服务。《图书馆服务宣言》①明确指出:图书馆应当积极推动全民阅读。有学者曾提道:阅读经典名著,热衷于真理,追求高尚的生活;应提供独立的方法让学生去探索那些永恒的问题。这恰恰是高校图书馆导读的核心所在。读者在图书馆的实体和数字空间中的阅读行为提供了读者间文化经验的交流,以及自我塑造、自我提升的路径。

观察当前图书馆的阅读服务现状,我们会发现阅读服务的领域仍有扩展空间,阅读服务的品质亟须提升。读者阅读的便利通道已被网络阅读、手机阅读等数字化移动设备所主导,导致图书馆在引导阅读方面的传统地位受到动摇,出现了前所未有的挑战。数字化阅读社区的建立是顺应数字化阅读大环境下图书馆界进行的自救行动,图书馆构建数字化阅读社区的本质是为了增进图书馆阅读服务。因此,仍需要以经典图书推荐、书评导读、读者间阅读经验分享为主要内容,这是不变的中心主题。

（2）契合读者阅读行为

该准则的目标是关注读者在网络环境下阅读行为方式的变化趋势,并主动满足他们的需求。图书馆应发挥导读功能,有意识地引导读者向经典阅读、深

---

①　《图书馆服务宣言》于2008年首次由中国图书馆学会发布,2023年9月,新版在2023年中国图书馆年会开幕式上正式发布。该宣言全面体现了图书馆服务的理念和价值,也是图书馆界对整个社会发出的行业承诺,对推动中国图书馆事业的发展起到了显著的作用。修订版保留了表达图书馆服务理念的三个条款,即对全社会普遍开放、对全体公民平等服务、彰显人文关怀,并在措辞和逻辑上略有调整,体现了开放、平等、包容的现代图书馆服务理念。同时,在图书馆服务使命方面,增删或调整了四个条款,即提供优质的服务、共建共享图书馆资源、促进全民阅读以及加强与社会合作。根据国家赋予图书馆的重要使命,还增加了保护传承优秀文化典籍的条款,以及根据国内外图书馆发展趋势增加了坚持可持续发展的条款。新版《图书馆服务宣言》的发布是中国图书馆人长期探索图书馆服务理念的成果,也标志着中国图书馆人践行现代图书馆服务理念新征程的起点。

度阅读的方向扩展。同时,要既反映在校大学生读者的阅读资源需求,又满足学生对于纸质学术图书的阅读偏好,重视纸质图书的推荐,实现纸质图书和电子书阅读的平衡。根据针对大学生群体阅读行为和阅读平台利用的调查,笔者了解到学生读者希望能够便捷地接入数字化阅读社区,并进行移动阅读。为适应读者阅读呈现碎片化、移动化的趋势,阅读社区平台在设计上必须适应移动端阅读的潮流。每年四月份是全世界范围内读者利用书籍推荐平台查询书目和书评的高峰时段,这说明读者的阅读行为受到导读手段的影响,在不同时间段表现出差异。该情况也提示数字化阅读社区建设者应在每年四月份顺应读者的阅读倾向,确保提供高质量的阅读资源,并提供相关的线上和线下活动,以及稳定可靠的平台技术支持。

（3）符合乡村文化背景

村民正在经历社会变迁和思想观念更新阶段,阅读是他们获取新知识、了解外部世界的重要渠道之一。对于他们来说,阅读不仅是获取信息的工具,更是塑造新的世界观、人生观和价值观的关键手段。因此,在农村社区开展阅读服务时,平台设计应与城市的虚拟阅读社区有所区别。最显著的区别在于农村图书馆领导的阅读社区应结合乡村生活,围绕庆祝节日、农事活动以及满足各种村民需求等乡村生活元素进行平台建设与运营。

同时,与农村的各类社区组织建立联系,充分发挥乡村文化室、文艺社、书画社等社区组织的作用。平台应与这些组织形成互动,充分利用图书馆的藏书资源、位置和服务优势,举办各类多样的阅读文化活动。这样可以实现乡村内部线上线下的广泛交流,成为乡村文化建设过程中最重要的交流平台和参与力量。

（4）参考商业平台模式

当前商业阅读社区发展的主要趋势是跨媒介,向创作、阅读、评论、出版一体化方向发展。在这种发展模式下,每一个参与者都可能同时担任阅读者、作者和评论者的角色。此类社区中,读者成为全过程的主导,例如某瓣阅读和某铁中文网等平台。根据这些阅读平台所调查的结果,新建的数字化阅读社区应注重降低浏览阅读的门槛,同时开放自由创作通道,并增强成员之间交流的频率和深度。对于数字化阅读社区的建设,应参考成熟商业阅读社区的成功经验,规避其不足之处,这对图书馆数字化阅读社区的建设具有重要的参考价值。

在界面设计方面,应营造简洁明朗的阅读环境。可以隐藏多级类目,以突显阅读内容,并将注意力集中在内容上,打破不同平台之间的隔阂,使读者能够自由转移。图书馆可以参考某瓣这类阅读社区的经验,通过校园化的社区活动和图书馆读者服务这两种途径,吸引读者阅读,并为读者提供更多的阅读分享和交流机会,以增强读者对社区的黏性。同时,图书馆还应加强导读和推荐阅读服务,扩大读者的阅读视野,提高他们的阅读效果。

(5)科技创新驱动

这个原则的核心意义是以科技创新为基础,推动虚拟阅读社区的发展。图书馆应该积极引入和应用云计算、大数据、人工智能等新兴技术,以提升阅读服务的智能化水平。通过技术创新,实现精准推送,为读者提供个性化的阅读推荐。同时,也要积极开展科技创新活动,引导读者参与其中,提升读者的科技素养。

(6)用户体验优化

用户体验是虚拟阅读社区的核心要素,优化用户体验是构建高质量虚拟阅读社区的必要条件。在设计和运营虚拟阅读社区的过程中,应该站在读者的角度思考,以读者需求为出发点,优化服务流程,提升服务质量,提供全方位的阅读服务。创造一个舒适、便捷的阅读环境,以提高读者的满意度。

(7)社区生态建设

构建虚拟阅读社区不仅仅是为了提供阅读服务,更重要的是创建一个有活力、有温度的社区,为读者们提供互动交流的平台。在社区生态建设方面,我们需要注重设计激励机制,鼓励读者积极参与社区建设,分享阅读心得,进行思想碰撞。同时,也要注重社区的规范管理,保护读者的权益,营造良好的社区环境。

7.2.5　智慧图书馆数字化阅读平台模型设计与实施

一个完备的数字化阅读平台架构的关键在于平台的用户和阅读资料,扩展来说主要包括用户与资料之间的关系以及用户之间的互动关系。从功能需求的角度来看,首先需要明确网站的架构,包括前后端功能的分布、功能模块的设计和具体实现数据的组织及管理方式,以及用户间互动机制的实现等方面。

(1)整体结构设计

数字化阅读平台的运行发展离不开四个方面的元素,即阅读资料、平台用户、互动网络和阅读服务。平台是数字化阅读平台运行的基础,阅读资料是维持平台运营的核心,图书馆阅读相关服务是直接作用于平台用户以推广阅读、实现引导阅读的方法;平台用户的知识交流构成平台内的互动网络,而平台用户则在数字化阅读平台中构建自己的社交网络和个人空间。这四大元素的综合运用支撑整个数字化阅读平台的健康运行。

因此,数字化阅读平台模型可被划分为具有特色的四个子空间:资料空间、读者个人空间、社交空间以及图书馆服务引导空间。分别对应着数字化阅读平台模型中的四大元素:阅读资料、平台用户、互动网络、阅读服务。

资料空间是平台内用户共享阅读资料、展示相关知识以及图书馆员工组织管理资料的空间。在这个空间中,读者应获得参与数字化阅读平台资料建设的权利,成为提高平台活跃度的源泉。

读者个人空间是读者或平台用户个体塑造并最终展示独特个性的区域。通过个性空间的展示,读者作为平台用户可以获得平台认同。

社交空间是数字化阅读平台运行的关键,也是该平台建设的核心。在这个空间中,用户之间(包括读者与读者、馆员与读者、作者与读者等对应关系)进行在线交互,完成阅读交流、讨论和评价互动,并扩展至线下的阅读交流活动形成社交空间。

图书馆服务引导空间即图书馆阅读服务空间,它是图书馆改进阅读推广、进行引导阅读服务的阵地。在这个空间中,包含了依托资料空间提供在线阅读、图书推荐服务,以及依托社交空间提供协作式阅读服务、真人图书馆服务等。

整个数字化阅读平台也是一个社区,它的的设计旨在创建一个完整的阅读环境。这个平台上有丰富的阅读资源、互动和交流的机会,以及全面的服务和引导。在这个平台上,每个成员都可以找到属于自己的空间,分享阅读经验,参与讨论,获得专业服务,并为社区做出贡献。这就是我们理想中的图书馆数字化阅读平台,一个全方位满足阅读需求的社区。

根据以上分析,我们构建了一个以图书馆为核心,面向校园读者的数字化阅读平台。该平台包括资源整合空间模块、读者独立空间模块、公共互动空间模块和图书馆服务引导空间模块,实现了首页聚合与推送、内容发布与管理、资源评分与推荐、个人空间与积分机制、用户交流与反馈等功能。

①资源整合空间模块

A. 互动社区系统

在首页展示当前热门话题和发布本期主题,在社区内推荐优质资源,如优秀书单或用户分享的电子书链接等。还可以在消息板块发布线下活动信息,并提供一键获取电子书资源或馆藏信息、全站资源一键搜索功能。同时,可以设立主题兴趣小组的线下活动,让用户通过完成一本书的"认证"来发现志同道合的人,实现自我认同和资源共享。

B. 信息导航系统

提供社区内资源的一键搜索功能,学术门户链接导航,并对原创作品、书评和优秀帖子等进行分类标签,方便用户快速找到所需信息。

C. 资源上传系统

在系统的主版块"原创作品空间"中设置快速发布作品通道,经过管理员审核后,作品即可在此版块展示供阅读评论。同时,也可以考虑推荐书单或资源分享,并提供快速反馈渠道。

D. 典藏展示系统

为了实现数字化阅读平台在校园的落地与特色展示,需要与用户的校园情怀相联系,成为美好大学记忆的一部分。因此,需要有效地处理和组织校园读者的作品典藏库,同时做好电子文档的编目与管理,使之能够随时为读者获取或在线展示。

E. 评价推荐系统

包括读者对作者上传原创作品的评论、点赞与推荐登顶,同时也包括对贡献资源信息的认同。贡献的资源可以包括个人书单、小众图书的电子版本下载地址或可获取的馆藏分类号、在线阅读课程视频资料网址等。在此系统基础之上,每日关注热点和热门帖子才有可能形成聚集效应。

②读者独立空间模块

A. 我的作品

该子模块允许用户查看、编辑、更新自己发布的原创内容等。用户可以了解自己在社区内的创作活跃度等级等。此外,他们可以登录查看他们提交的创作手稿或珍贵的校园生活照片在典藏库中的分类和存储情况。在保护版权的前提下,该模块可以永久向校友开放,公开阅读。

B. 我的评论

在这个子模块中,用户可以随时查看、编辑、更新自己在论坛中启动或参与的主题讨论及跟帖内容。同时,用户也可以查看与社区内好友的交流记录、站内信、讨论记录等。

C. 我的积分

大多数读者认同根据用户的活跃度、在线时长、贡献数量、优质帖子的认定和赞同数量来获得积分进而提升等级,是一个合理的设计。在此子模块中,管理员可以实施对用户各项积分的详细评定及当前等级对应的权限等。

D. 我和我的朋友

尽管这个数字化阅读平台是以兴趣为主导的社区,但互动性是增加活跃度的关键,也是构建校园化社区的优势。在这个子模块中,用户可以自由管理朋友,添加或删除自己选择的人。他们也可以查看朋友的阅读动态。社区还会有兴趣小组等组织,用户可以选择加入或邀请朋友一起加入。

E. 个人信息

注册设置:包括会员注册相关内容设置,如注册时间控制、扩展资料设置、邀请他人注册和推广等。

会员相关:主要包括发布信息时涉及的特殊功能(如"仅我可见")的开启和关闭,以及会员头像、签名、个性主页定制的设置等。

③公共互动空间模块

A. 言论统计系统

书评论坛是主要的互动区域,旨在实现作者与读者、读者与读者之间的广泛实时交流。用户可以向作者提问、点赞,也可以与其他读者讨论、关注。该子系统是提高网站成员活跃度和黏性的关键所在。通过对言论情况进行统计,包括作者的作品发布数量、读者的评论数量、与社区内朋友的互动信息、发帖跟帖数量等数据统计,可以作为提高作者和读者权限的参考因素。

B. 信息审查系统

用户审核:对会员的注册信息和邮件进行审查,以防止恶意注册,确保系统的安全性。

内容审核:包括对上传作品的质量进行评估,推荐讨论帖,以及对一些用户的不良行为采取封号、禁言等惩罚措施,以确保社区的有序运行。

C. 信息发布系统

在书评论坛板块有"我要发帖"的快速通道,方便用户发布书评帖子。在此系统下,读书社团也可以根据需要发布活动相关信息,征集读者参与。同时,在个人空间版块中的"我的作品"一栏也设置了作品快速编辑和发布功能。总的来说,该系统既是原创主题征文的一个发布渠道,也是简单书评或评论网帖发布的渠道。

D. 信息存储系统

该系统的信息存储功能分布在原创作品空间、个人空间和书评论坛三个版块系统的后端中,依赖于整个数字化阅读平台强大的后端管理系统。后端管理系统还具备搜索设置、电子邮件、帖子管理、日志管理、群组管理、评论管理、消息管理、内容审核、数据库、数据统计和公告管理等资源管理和信息统计功能。通过强大的后端管理平台,可以轻松高效地对数字化阅读平台进行大量数据存储和长期维护。

E. 互动反馈系统

在公共互动空间中,应设置意见反馈系统,引导读者阅读并有效收集用户意见。这个交流系统中的反馈是最及时的"意见箱",配合定期的座谈会等形式,对于意见征集工作或发现潜在问题都是重要的途径。同时,对于读者的推荐购买需求来说,也是一个非常直接的快速反馈渠道。

④图书馆服务引导空间模块

A. 阅读引导内容创作系统

该系统由图书馆管理员主导,挑选经典作品或最新入库的书目,并通过简评、导言等方式在阅读引导内容空间向读者推荐图书。利用多媒体手段,合理组织相关的图文音视频信息资源,并向有需求的用户推送,使得阅读引导资源能够一次创建、多次生成、多次传递。

B. 阅读引导内容组织处理系统

该系统可以推荐与某本书相关的其他书籍,为用户提供延伸阅读清单。除了将推荐图书的导言、内容简介等制作成阅读引导内容外,更深入的任务是挖掘相关的优质评论选摘(如来自某瓣读书的评论内容)、作者的写作心路、创作背景等,推荐同一作者的其他作品以及与主题相关的图书。此外,还可以整合网络中优秀的阅读引导书单,建立联系,实现知识的逻辑重组,将不同格式、不同类型的阅读引导信息组织成一个清晰相关、易于利用的立体阅读引导空间。

C. 阅读引导活动发布与管理系统

该系统与传统的图书馆向读者提供的单向式阅读引导服务进行区分,强调阅读引导过程中读者参与互动。在系统内,针对阅读引导推荐的书目设置读者评论感想区,并设立阅读推广活动的信息发布区。

D. 阅读引导服务提供与评价系统

该系统负责接收读者对阅读引导信息的评价内容和参与互动活动后的反馈信息,是图书馆快速获取改进阅读引导服务建议的重要渠道。在提供阅读引导服务时,除了可以采用站内公告方式通知外,还可以结合站内信、电子邮件、RSS 订阅、微信公众号等个性化定制信息推送方式,将信息推送给阅读社区的用户。通过将读者的特定阅读需求偏好与各主题阅读引导服务信息相匹配,一旦在服务过程中发现相似的阅读需求,就可以直接推送给特定用户,从而使得服务更加高效。

(2)主要功能描述

图书馆的虚拟阅读社区以图书馆为核心,构建一个图书馆与读者、读者与读者以及学生与教师互动的平台。该平台下的各参与者之间的互动主要通过论坛(包含留言、评论、点赞)模式实现。通过这种模式,学生读者可以最大化地参与到阅读社区的资源建设中,成为提升社区活跃度的主要力量。

具体设想是将学生的校园卡账户与该虚拟社区绑定,一卡通账户的用户名和密码可以直接用于登录该虚拟社区;搜索结果与图书馆资源相对接,搜索框可以直接一键检索定位图书馆资源;同时显示图书馆以及虚拟阅读社区的公告活动信息等。根据读者访谈中普遍反映的页面信息量过大影响阅读的观点,首页推荐最好有热门排序、推荐汇聚,也可以设置引导式界面,先询问性别和关注主题等,以便于个性化定制服务。

图书馆的虚拟阅读社区应该是一个可以生产内容的平台,以精选优质的阅读内容吸引社区用户加入其中成为读者和作者。进一步地创造新的内容,培养新的读者(粉丝),二者共同推动用户对阅读社区的黏性提升,使图书馆的虚拟阅读平台成为一个相对完整的阅读—自主创作—阅读服务生态圈。虚拟阅读社区的功能描述如下:

①阅读资源组织与发布

阅读资源主要有图书馆员上传和社区用户创作两大来源。用户创作的内容需经过系统管理员的简单审核后方可发布展示。传统方式是在平台网站上设置一个投稿系统来接收稿件,某瓣阅读的模式是支持 MathType 转化为 LATEX 来显示内容。不仅限于直接展示 PDF 文档,而是在平台的排版系统里进行简单排版,以确保在网页版和移动端等各种设备上具有良好的阅读体验。

②图书馆在线阅读服务

传统的图书馆阅读服务主要以图书的借阅为基础,注重借阅数量和读者到馆率等实体化指标。然而,在新媒体和网络阅读日益普及的今天,图书馆通过建立虚拟阅读社区提供在线阅读服务,弥补了传统阅读服务的时空限制,确保读者可以随时随地获取阅读资源并提供反馈。虚拟阅读社区还可以发布读者原创作品,提供在线浏览和下载,并通过论坛式的实时评论交流,扩展图书馆的在线阅读服务内涵。

图书馆建立虚拟阅读社区的初衷是推进图书馆的阅读服务,深化数字化导读和阅读推广。根据以往的读者阅读行为调查,书评仍然是新一代读者进行阅读选择时重要的参考因素。作为传统的导读方式,书评在数字环境下依然具有独特的魅力。在虚拟阅读社区平台上,图书馆可以将本馆热门借阅排行榜中优秀图书的书评融入其中,这些书评可以由馆员或平台用户写作投稿,也可以面向全校范围进行征稿选登。

此外,图书馆常购电子书库(如某星、阿某比等)中的纯电子文本资源也有许多优质但尚未充分利用的资源，与实体藏书具有互补性。通过整合书目信息，可以推出电子书的书目推荐和书评导读，引导读者有意识地使用和下载这类电子资源，提高数字资源的利用率。

③融合线上线下服务和活动

我们的主要目标是增强虚拟社区用户的活跃度和忠诚度，即引导读者实现从线上到线下或从线下到线上的转变。

首先，关于阅读资源的线上线下融合。图书馆的虚拟阅读社区具备商业阅读平台所不具备的特点：即图书馆已有的资源服务、读者服务、咨询服务，可以协助读者从数字化阅读资源链接到纸本阅读资源，进一步通过原始文献关联到校外的资源，通过推荐购买系统采购读者所需的阅读资源。简单来说，可以达成图书馆实体和数字资源以及配套服务的完全融合。

其次，依托于校园学生群体、同学、校友等熟悉的社交圈，我们能够提供安全可靠的熟人社区的线下交流。线上线下的连接形式可以包括：奖励评选、文章征集、创作活动、TED讲座、真人图书馆、采访活动、集中推荐购买等。以读书俱乐部为例，它的出现源于读者互动阅读的需求，反过来，读书俱乐部也产生了新的阅读需求，新的阅读需求和倾向又形成了不同阅读偏好的社团，社团进一步产生新的更具特色的需求。

以阅读需求为纽带连接社团，是图书馆虚拟阅读社区的核心。通过线下社团组织活动，可以吸引更多的读者参加线上的社区阅读活动，增强平台用户对阅读社区的联系和情感交流。线上线下的活动相互补充，最终都是为了服务于书籍、图书馆服务、阅读活动和人。

④互动式阅读分享功能

在移动互联网迅猛发展的今天，人们可以通过新媒体平台实时分享阅读过程中的评论、推荐语、感悟和问题，随时随地进行交流。除了传统的读书会，线上阅读小组、读书论坛以及网络阅读平台也成为社会化阅读的重要场所。因此，图书馆虚拟阅读社区中的一个关键功能是促进互动和评价。

该功能包括阅读、评论、交流讨论和创作等。换句话说，读者可以通过这些功能体验完整的阅读过程，从阅读、讨论、发布书评到创作、组织读书会等。在现实世界中，如果个人对某一本小众书籍有深入的理解，想要与他人进行同等水平的交流可能会成为一个难题。然而,通过虚拟阅读社区,读者可以匿名地找到兴趣相投的人,实现在兴趣社区中无压力的互动和交流。

7.2.6　乡村读书社区运营管理流程设计

图书管理员是虚拟乡村读书社区的创建者和运营者。他们不仅负责管理读书资源、乡村读书社区成员以及平台监管等工作,还要负责组织和管理线下活动。这些活动包括定期举办各种阅读主题的线下活动,从多个角度引导社区成员重新关注阅读,最终实现图书馆推广阅读的初衷。

图书管理员对整个社区的管理职责非常全面,包括设计和调整社区的风格和样式,增加或删除功能模块,对阅读资源进行有效的信息组织,以及对社区成员进行用户管理。在社区建设初期,管理员需要充分了解用户需求,规划和设计社区的功能和模块,进行有效的阅读资源组织和合理布局,并设定社区成员的权限。在虚拟阅读社区的功能中,"提供阅读资源和指导"服务以及"提供交流互动保障"服务是最重要的。

具体的运营流程包括以下几个方面。

·阅读资源管理:包括纸质图书、电子图书的目录整合以及阅读资源的建设和管理。

·流通和阅读服务:包括借阅和归还纸质书籍、电子书籍管理、图书馆间互借、原文传递等一体化服务。

·虚拟阅读社区建设:包括平台的建设、管理和升级。

·原创作品管理:包括对社区成员的原创作品进行分级审核,典藏和建设相关服务档案。

·新媒体出版:包括相关数字化阅读杂志,建设、运营和管理公众微信号。

·阅读推广和营销:组织阅读社团进行阅读活动,促进学生的线上和线下交流。

(1)用户子系统

用户子系统是虚拟阅读社区的核心部分,尤其是学生子系统。根据用户贡献的内容,用户子系统主要分为资源模型和行为模型两部分。资源模型用于存储用户上传的作品、发布的评论以及导航资源等内容,而行为模型则用于存储用户的交互行为,例如上传、评论、浏览、点赞等动态信息。管理员通过分析这些行为信息,可以为不同级别的用户提供不同的权限,并通过深入的数据挖掘了解用户潜在的阅读需求,从而提供更优质的服务。通过提高社区的活跃度,管理员还可以发现潜在的用户,并引导他们养成良好的阅读习惯。

（2）管理员子系统

高校图书馆虚拟阅读社区与商业阅读社区的主要区别在于读者的阅读活动可以与图书馆的服务无缝对接,这使得高校图书馆虚拟阅读社区具有更大的价值。为了实现这一目标,阅读社区的相关功能需要与高校图书馆的日常工作流程中的各个模块进行对接。

传统的图书馆服务体系主要包括借书服务、阅览服务、参考咨询服务、读者教育与培训以及信息服务等五个方面。通过利用虚拟阅读社区的功能支持,图书馆可以将原本被动的服务转变为主动引导读者需求的服务。此外,它还能够实现从一对一服务向一对多甚至多对多的高效服务转变。

除了传统的馆藏管理和读者服务等职责外,图书馆也在不断适应和引领数字化时代的发展。作为虚拟阅读社区的一部分,外联工作也逐渐成为图书馆重要的职责之一。

外联工作涉及很多方面,其中之一是联系读书相关社团成员,并为社团扩展成员,征集活动主题、协商活动时间地点等等。此外,在活动结束后还需要进行记录展示等相关事务的处理。这些工作需要专门的人员来进行管理和支持,以保证活动的顺利开展。

为了广泛征求读者用户的意见和建议,图书馆定期组织召开座谈会。这些座谈会的召开不仅可以了解用户的需求和反馈,还可以为图书馆的改进提供参考意见。在虚拟阅读社区的建设中,用户的参与和反馈非常重要,因此图书馆必须与读者用户保持紧密的联系。

外联工作作为图书馆的重要职责之一,它需要图书馆与读者用户之间密切联系和沟通,以实现更好地服务和支持。同时,图书馆也需要不断地调整和改进自身的岗位职责和业务流程,以适应数字化时代的发展。目前常见的图书馆岗位设置包括采访岗、编目岗、典藏岗(含特藏岗)、流通借阅岗、参考咨询岗、读者服务岗、教育培训岗、技术系统岗、学科馆员岗以及其他行政支援岗位等。

　　要实现上述工作,虚拟阅读社区工作需要与图书馆的其他岗位职责进行对接设计。为了适应数字化时代的发展,图书馆的岗位设置和业务流程也需要不断地调整和改进。例如,研究型图书馆普遍增设了学科服务部、战略规划部、公共关系部及情报研究部等新兴部门,以更好地为读者和用户提供服务和支持。

　　建立虚拟阅读社区后,运营维护是非常重要的,而参与管理和维护的馆员则是至关重要的。因此,为了实现阅读社区的长期运营和发展,必须将虚拟社区运行维护职责与图书馆现有岗位工作业务相对接,以使分工到位,确保顺利运行。

　　为了满足虚拟阅读社区的需求,以下是在数字化阅读平台上设置的各类岗位及其职责:

　　①系统与数字化建设类

　　支撑维护岗:负责虚拟社区系统的开发和日常运行维护。

　　数据挖掘岗:通过用户贡献系统采集而产生的大量日志数据,进行统计分析和关联算法,以探究用户的浏览行为、交互行为,并得到基本的数据挖掘结果。

　　②流通服务类

　　数字导读岗:包括馆藏数据库资源的宣传推广、新书推荐目录、借阅排行榜等资源信息推荐,也可以融入读者书评、荐语等。

　　社团联络岗:联系与读书相关的社团成员,在平台发布线下活动消息、活动主题征集等相关事务信息。

　　③信息咨询服务类

　　意见反馈岗:认真倾听读者用户的声音,尤其是意见与建议信息,并及时做出反应与改进;设立接待处和服务咨询反馈岗,倾听读者意见,定期组织座谈会,广泛征求师生读者和社区用户对工作的意见和建议。

　　行为分析岗:通过对用户信息行为数据和使用偏好信息进行采集和数据挖掘分析,可以得到一些初步成果。再次进行内容分析,以进一步深入了解用户行为。通过对用户信息行为模式的分析,可以为系统平台的优化设计和图书馆信息决策提供参考依据。

　　资源导航岗:主要负责收集整理读者资源荐购需求以及相关数据库的试用

反馈信息,同时需要及时满足和指引读者资源需求。

④馆办公室类

推广营销岗:负责在微信平台或其他新媒体宣传平台上整合推送阅读社区内新生成内容中的经典书评或精彩原创,实现平台的推广目的。

⑤深层次信息加工类

文摘书评岗:根据馆内每月借阅排行榜或新书通报,为热门图书和新书撰写书评或推荐词,可以由馆员自撰或邀请虚拟社区活跃用户撰写。

阅读资源评估岗:对多途径获取的阅读资源进行评估、筛选、分析和整合,提供精选、整合和评价服务。

总之,虚拟阅读社区可对接的功能和图书馆岗位的详尽分析如上所述。具体的图书馆部门归属可以根据具体情况进行灵活安排。岗位设置因各个图书馆的不同做法而不一致,可以将不同岗位归属于不同的部门,也可以整合建立一个新的部门,只要能够实现阅读社区的各项功能即可。

7.2.7 数字化阅读平台的建成促进了乡村文化振兴

(1)智慧图书馆的建立为乡村居民提供了丰富的学习和阅读资源,使得他们能够接触到更多的知识和信息,从而提升了整个乡村的文化水平。乡村居民可以通过智慧图书馆获取各类书籍、期刊、报纸等文献资料,拓宽了他们的视野,增长了知识,提升了他们的文化素养。同时,智慧图书馆还可以提供在线学习资源和培训课程,为乡村居民提供学习的机会和平台,进一步促进乡村文化水平的提升。

(2)智慧图书馆通过提供丰富的阅读资料,引导乡村青少年健康成长。乡村的青少年可以通过智慧图书馆阅读各类书籍,包括教育、科学、文学等不同领域的书籍,培养他们的阅读兴趣和习惯,开阔他们的视野。阅读对于青少年的思维发展和人格塑造有着重要作用,通过智慧图书馆的阅读资源,乡村青少年可以获得更多的知识、理解力和创造力,有利于他们健康成长。

(3)智慧图书馆中的数字化阅读平台连接了全国甚至全球的读者,促进了乡村与外界的文化交流。乡村居民可以通过智慧图书馆与其他地区、其他国家的读者进行交流和分享,了解不同地域和文化背景下的思想和观点。这种文化交流有助于拓宽乡村居民的视野,增加他们对外部世界的了解,促进乡村与外界在文化领域的交流与合作,扩大了乡村的影响力。

(4)智慧图书馆不仅是一个阅读平台,还是一个信息共享平台,对乡村的经济发展具有积极作用。乡村居民可以通过智慧图书馆获取有关农业、手工艺、乡村旅游等方面的信息,了解最新的发展动态、技术和市场需求,有助于他们在农业生产、手工制作、乡村旅游等方面开展各种经济活动。智慧图书馆提供的信息共享平台为乡村居民提供了宝贵的资源,促进了乡村经济的发展。

(5)通过智慧图书馆,乡村的传统文化和习俗可以被记录和保存下来,同时也可以通过数字化的方式传播出去,实现了乡村文化的保护和传承。智慧图书馆可以收集、整理和存储乡村的文化遗产,包括民间故事、传统歌曲、舞蹈、手工艺品等,防止其逐渐失传。通过数字化的方式,这些乡村文化可以更好地传播给更多的人,增加对乡村文化的重视和关注,推动乡村文化的保护和传承。

(6)智慧图书馆的建设和运营需要一定的科技支持,这无疑为乡村的科技发展提供了一个很好的平台,也有助于提升乡村的科技水平。智慧图书馆中涉及各种信息技术、网络技术、数字化技术等,它的建设和运营过程需要乡村居民和相关从业人员具备相应的科技素养和技能。通过与科技相关的活动和培训,乡村居民可以了解和学习最新的科技知识和技术,提高他们的科技水平,为乡村的科技发展做出贡献。

7.3　高校智慧图书馆专家服务平台的建成促进乡村文化振兴

7.3.1　高校智慧图书馆专家服务平台设计

高校智慧图书馆专家服务平台的设计应考虑以下几个方面:

(1)用户界面设计

平台应具有直观、易用的用户界面,以便专家能够轻松地访问和利用图书馆资源。界面应包括搜索框、分类列表、图书展示、借阅管理等功能,同时提供个性化的推荐服务。

（2）数据库设计

建立完善的数据库，包括图书信息、用户信息、借阅信息等，以便进行数据分析和资源管理。数据库应具备安全性、可靠性和可扩展性，同时提供 API 接口以支持其他系统的集成。

（3）后端系统设计

后端系统应处理前端用户请求，进行数据存储、处理和检索，并向用户返回结果。后端系统应具备高可用性、高并发性和可扩展性，同时应考虑与第三方系统的集成。

（4）前端系统设计

前端系统负责与用户交互，接收用户的请求并展示结果。前端系统应采用响应式设计，支持多种设备和屏幕尺寸，同时应具备良好的用户体验和交互性。

（5）智能推荐系统

通过人工智能技术分析用户行为和借阅历史，为用户推荐合适的图书和资源。推荐系统应考虑用户的兴趣、专业领域和借阅习惯等因素，以提高推荐的准确性和用户满意度。

（6）移动端支持

平台应提供移动端应用，方便用户随时随地访问图书馆资源。移动端应用应支持离线阅读、消息推送等功能，同时应与桌面端保持一致的用户体验。

（7）安全性设计

平台应具备完善的安全性措施，包括用户认证、权限管理、数据加密等，确保平台数据的安全性和用户的隐私。

（8）可维护性和可扩展性设计

平台应具备良好的可维护性和可扩展性，方便进行升级和维护。同时应考虑与未来新技术和新应用的集成，以满足不断变化的需求。

综上所述，高校智慧图书馆专家服务平台的设计需要综合考虑用户需求、技术实现、安全性和未来发展等多个方面因素，以确保平台能够满足专家用户的需求,提高图书馆资源的利用效率和服务质量。

7.3.2　高校智慧图书馆专家服务平台服务模型

高校智慧图书馆专家服务平台的服务模型包括以下几个主要部分:

(1)用户服务

这包括图书馆用户的基本服务,如图书借阅、归还、续借、预约等。同时,也可以提供一些扩展服务,例如为用户提供个性化图书推荐、学科导航、文献传递、阅读推广等。

(2)资源建设与服务

这包括对图书馆资源的采购、编目、分类等,以及资源的存储、检索、获取和分发。此外,还可以提供诸如学科专题、特色数据库等深度服务。

(3)数据分析与决策支持

利用大数据和人工智能技术,对用户的借阅行为、搜索行为、阅读兴趣等进行深入分析,以提供更精准的个性化服务。同时,这些数据也可以用于图书馆的资源建设决策和读者服务优化。

(4)学科交流与合作

通过专家服务平台,可以促进不同学科之间的交流与合作。例如,可以邀请各领域的专家参与学科导航的制作,或者为有需求的用户提供学科咨询和指导。

(5)培训与教育

智慧图书馆可以提供各种培训和教育服务,例如信息素养培训、学科研究方法培训等,以提高用户的学术能力和综合素质。

(6)社区建设与活动

通过智慧图书馆平台,可以组织各种形式的社区活动,例如阅读分享会、学术研讨会、文化讲座等,以促进用户之间的交流和互动。

（7）反馈与评估

建立有效的反馈和评估机制，以了解用户对智慧图书馆服务的满意度和改进意见，从而不断优化服务模型和提高服务质量。

这些服务模型旨在通过提供全面而高效的服务，满足高校师生对图书馆的各种需求，从而促进他们的学术研究和个人成长。

7.3.3 高校智慧图书馆专家服务平台促进乡村文化振兴

高校智慧图书馆专家服务平台在促进乡村文化振兴方面具有重要作用。通过这个平台，可以为乡村地区提供更高效、更便捷的图书馆服务，从而提升乡村地区的文化水平。

首先，高校智慧图书馆专家服务平台可以为乡村地区提供更丰富的图书资源。与传统的图书馆不同，智慧图书馆可以通过数字化技术，将大量的书籍、期刊、报纸等资源整合在一起，形成一个庞大的数字图书馆。通过这个平台，乡村地区的师生和居民可以轻松地获取到更多的书籍和信息资源，从而拓宽知识面和文化视野。

其次，高校智慧图书馆专家服务平台可以为乡村地区提供更专业的信息服务。智慧图书馆采用了先进的信息技术，可以对用户的需求进行智能化的分析和预测，为用户提供更加个性化的服务。同时，智慧图书馆还可以通过专家服务平台，为乡村地区提供更加专业的学术指导和技术支持，帮助乡村地区的师生和居民更好地学习和掌握知识。

最后，高校智慧图书馆专家服务平台可以为乡村地区提供更便捷的阅读服务。通过这个平台，乡村地区的师生和居民可以在任何时间、任何地点，通过手机、电脑等终端设备，随时随地阅读电子书籍和期刊等资源。这种便捷的阅读方式，不仅可以让更多的人接触到优秀的文化作品，还可以提高他们的阅读兴趣和文化素养。

综上所述，高校智慧图书馆专家服务平台的建设对于促进乡村文化振兴具有积极的作用。通过这个平台，可以为乡村地区提供更丰富、更专业、更便捷的图书馆服务，从而提升乡村地区的文化水平和文化素养。同时，这也是高校履行社会责任、服务社会的一种重要方式。

7.4　哈尔滨金融学院图书馆促进乡村文化振兴的案例

哈尔滨金融学院图书馆于 2011 年 5 月投入使用,总体建筑面积 36000 平方米,馆内采取开放式大空间,藏书、借阅、查询一体化等现代图书馆布局。采取一站式服务方式,简化借阅手续,节省读者时间。2020 年完成智慧图书馆的基本建设。现有图书馆纸质藏书总量达 133 余万册,每年新增图书 5 万余册。年订购报刊 580 余种。电子资源总量 395 万余册。阅览座位 4000 余个,电子阅览室座位 300 个,电子资源培训室座位 168 个,三个考研学习区座位共 216 个,智慧研讨室共 20 个,为读者在馆学习提供充足条件。智慧体验区配备智能钢琴、太空舱等新媒体资源利用设施,为广大师生营造了优雅的阅读环境,提供了多样的阅读体验。图书馆智能化管理平台给读者提供了自助完成文献智能化检索、定位找书、多本借还的功能。智慧图书学科服务体系给读者提供了多种资源及利用平台。文献信息服务系统给读者提供了网上预约、续借、异地委托借阅、订购咨询、教参书推荐、网上催缺、预约到书、优先阅览等服务信息发布的功能。本馆的办馆理念是"金融特藏、人文服务",致力于知识学习中心、研创交流中心、文化推广中心、资源共享平台"三个中心、一个平台"的文献信息服务体系建设。建立了金融特色馆藏区,已成为黑龙江省金融特色图书馆。

2022 年哈尔滨金融学院图书馆利用自身的图书数据资源,在黑龙江省绥化市兰西县建立了哈尔滨金融学院兰西县总工会流动分馆,与兰西县总工会建立了合作伙伴关系,为兰西县搭建了数字化阅读平台。将读书、交流、娱乐融为一体,图书、期刊等资源直接引入兰西县各乡镇。通过共享资源和技术,推动兰西县乡村的文化振兴。具体内容如下:

(1)共享资源

哈尔滨金融学院图书馆提供了大量的书籍、期刊和数字资源,这些资源被送到了乡村图书馆,供当地居民阅读和学习。这些资源涵盖了农业技术、文化教育、历史传承等多个领域,满足了当地居民多元化的阅读需求。双方达成共享资源协议。

学院首批次向流动分馆提供图书 3000 册,期刊 5000 册,并实行定期或不定期更换流动图书形式,为兰西县总工会流动分馆进行资源更新,助力兰西县文化振兴。此项目不仅把高校的资源带入兰西,通过总工会将学院的资源和服务传递给兰西县的各乡村,对乡村图书馆的资源内容进行了有效扩充,而且填补了兰西县各乡镇享受高校图书馆智慧化服务的空白,同时把高校的科研、党建、金融等资源引入基层党建工作中,让高校科研成果、党建标准和经营技术下基层,加强农村基层党组织体系建设。

图 7-1　哈尔滨金融学院兰西县总工会流动分馆

图 7-2　兰西县北安乡北安村公共图书室

图 7-3　兰西县北安乡平安村公共图书室

(2)技术支持

哈尔滨金融学院图书馆提供先进的信息技术设备,可协助乡村图书馆进行数字化建设。我们向乡村居民公布了多种咨询方式,方便他们获取信息,同时也提高了图书馆的工作效率。

(3)培训和教育

哈尔滨金融学院图书馆的工作人员定期到乡村图书馆进行培训和指导,旨在帮助当地图书馆馆员提高信息技术能力和服务水平。与此同时,该校的学生志愿者也会前往乡村图书馆进行辅导和教学,以提高当地儿童和青少年的阅读和学习能力。

例如,哈尔滨金融学院组织了大学生参加北安中学的"三下乡"暑期活动,并启动了社会实践基地授牌暨"未来校友计划"。通过这个活动,让金融学院的大学生和北安中学的学生结成对子,定期邀请他们参观大学,扩展他们的视野,促进北安中学学生的全面发展。活动结束后,同学们还拜访了北安村的脱贫户,为他们送去了米、面、油和学习用品等。这一系列举措真正做到了从基础教育出发,推动乡村文化振兴。

(4)推动文化活动

学院图书馆与乡村图书馆合作举办了一系列的文化活动,例如读书会、讲座、展览等,极大地丰富了当地居民的文化生活,提高了他们的文化素养。

7.5　高校智慧图书馆助力乡村振兴的展望与发展趋势

7.5.1　高校智慧图书馆助力乡村振兴的展望

高校智慧图书馆作为高校数字化建设的重要组成部分,在乡村振兴方面将发挥重要作用。首先,在图书馆数字化建设方面,高校智慧图书馆能够为乡村地区提供丰富的数字资源,满足农村居民的文化需求。其次,高校智慧图书馆可以为乡村地区提供在线学习和知识服务,推动乡村人才培养和文化传承。

(1)数字资源建设

高校智慧图书馆能够为乡村地区提供丰富、多样化的数字资源,包括数字化图书、期刊、报纸、音像资料等。这些数字资源可以通过互联网进行检索和访问,让乡村居民能够在家中方便获取高质量的文化信息和知识资源。在数字资源建设方面,高校智慧图书馆需要加强数字化资源建设,提升数字资源的质量和数量,并扩大数字资源的覆盖范围,以满足乡村居民对文化资源多样化的需求。

(2)在线学习和知识服务

高校智慧图书馆可以通过在线学习和知识服务为乡村地区提供支持,推动乡村人才培养和文化传承。高校智慧图书馆可以利用自身的优势,通过在线学习平台提供课程资源和教育服务,为乡村地区的学生提供学习机会。此外,高校智慧图书馆还可以通过在线咨询、电子邮件、短信等方式为农村居民提供知识和咨询服务,解答他们在学术、文化和生活方面的问题。

(3)数字文化建设和文化产业发展

高校智慧图书馆还可以支持乡村地区的数字文化建设,打造数字文化产业,促进文化产业的发展,为乡村振兴注入新的发展动力。高校智慧图书馆可以与地方政府、企业、社会组织等多方合作,共同开展数字文化建设和文化产业发展,推动数字文化产业与传统文化产业的融合,为乡村地区创造更多的就业机会和经济效益。

综上所述,高校智慧图书馆在乡村振兴方面具有广泛的应用前景和巨大的发展潜力。在未来的发展中,高校智慧图书馆需要加强数字资源建设、推动在线学习和知识服务、支持数字文化建设和文化产业发展等方面的工作,积极促进乡村文化振兴和经济社会发展。

7.5.2 未来高校智慧图书馆助力乡村文化振兴的发展趋势

(1)提升数字化资源建设水平

高校智慧图书馆将继续提升数字化资源建设水平,包括扩大数字化馆藏规模,提高数字化馆藏的质量和覆盖范围,建立数字文化遗产库等。此外,高校智慧图书馆还将加强数字出版和数字化阅读服务,提供更多的数字图书、报纸、期刊、文献等资源,以满足乡村居民的学习和阅读需求。

（2）推广智能化服务

高校智慧图书馆将通过推广智能化服务,提高服务质量和效率。例如,利用人工智能技术开发智能推荐系统、智能问答系统等,为读者提供更个性化、智能化的服务;利用大数据分析技术,分析读者需求和阅读行为,为读者提供更精准的服务。

（3）拓展网络化服务

高校智慧图书馆将进一步拓展网络化服务,包括提供更便捷的在线借阅、预约和续借服务,推广电子阅读器和移动设备阅读应用,打造在线学习平台等。此外,高校智慧图书馆还将利用社交媒体等新媒体工具,扩大服务覆盖范围,吸引更多乡村居民参与到数字文化生活中来。

（4）加强合作共建

高校智慧图书馆将与政府、企业、社会组织等各方合作,共同打造乡村文化振兴的平台。例如,与地方政府合作,共同建设数字图书馆和数字文化中心,提供数字资源和在线学习服务;与文化企业合作,推广数字文化产品和数字文化产业,促进文化产业的发展;与社会组织合作,开展文化活动和文化服务,促进文化交流和共享。

7.6　高校智慧图书馆助力乡村文化振兴的建议

7.6.1　发展数字化阅读平台

数字化阅读平台的发展对于推动乡村文化振兴至关重要。为了推动数字化阅读平台的发展,可以从以下几个方面入手:

（1）推广数字化阅读平台

通过多种途径推广数字化阅读平台,提高公众的认知度,促进数字化阅读的普及。可以结合线上宣传和线下推广,组织各类推广活动,吸引更多乡村居民关注和参与数字化阅读。

（2）提升数字化阅读平台的技术能力

数字化阅读平台的技术能力是可持续发展的关键。可以采用现代化技术手段，如大数据分析、人工智能等，提高数字化阅读平台的技术水平，为用户提供更精准、个性化的阅读服务。同时，还可以考虑与其他科技企业合作，共同研发创新技术，提升数字化阅读平台的竞争力。

（3）加强数字化阅读平台的版权保护

数字化阅读平台的版权保护是健康发展的必要条件。开展版权教育，增强用户和从业人员的版权意识，打击盗版和侵权行为。同时，建立健全版权保护制度，加强版权监管，提供合法、正版的数字化阅读资源。

需要注意的是，以上提到的方法只是推动数字化阅读平台发展的一部分途径，实际推广过程中还需要根据当地实际情况进行具体的策划和操作。

7.6.2　打造乡村文化数字资源

（1）提供丰富多样的数字文化资源

数字化阅读平台可以为乡村地区提供更多、更丰富的数字文化资源，满足农村居民对文化的需求。为此，数字化阅读平台可以采用数字化图书馆、数字化展览、数字化艺术品等形式，为乡村居民提供多样化的数字文化资源。

（2）推进数字化阅读的普及化

数字化阅读平台可以为乡村地区提供在线学习和知识服务，推动乡村数字化阅读公共服务的深度发展。数字化阅读公共服务是数字化阅读平台在乡村文化振兴中的重要组成部分，通过数字化阅读公共服务可以为乡村地区提供更加丰富、多样的阅读资源，满足农村居民的文化需求。为了推进数字化阅读公共服务的深度发展，需要采取以下措施：

①加强数字化阅读公共服务的基础建设

在数字化阅读平台中建立完善的数字化阅读公共服务体系，为乡村居民提供更加丰富、多样的阅读资源，包括图书、期刊、报纸、音频、视频等。

②加强数字化阅读公共服务的内容建设

在数字化阅读平台上建设与乡村地区文化特点相适应的数字化阅读公共服务内容,包括农业技术、乡土文化、乡村旅游、乡村居民教育等方面的阅读资料,满足乡村居民的文化需求。

③推进数字化阅读公共服务的智能化建设

采用人工智能、大数据等新技术,对数字化阅读平台上的数字化阅读公共服务进行智能化管理和运营,提高服务质量和效率。

7.6.3　加强数字化阅读平台的宣传推广

数字化阅读平台在乡村文化振兴中的作用越来越重要,但在部分地区,对数字化阅读平台的认知度和使用率还比较低,需要加强数字化阅读平台的宣传推广,提高乡村居民的使用率。为了加强数字化阅读平台的宣传推广,需要采取以下措施:

（1）利用各种渠道加强宣传

可以利用电视、广播、报纸、村务公开、微信、短信等多种渠道,广泛宣传数字化阅读平台的存在和优势,提高乡村居民对其的认知度。

（2）推动数字化阅读平台与乡村文化活动相结合

通过与乡村文化活动的结合,为乡村居民提供数字化阅读平台的支持和服务。可以在文化活动中设置数字化阅读展示区、举办数字化阅读推广活动等,增加农村居民对数字化阅读平台的了解和使用。

（3）打造数字化阅读品牌,提高知名度

数字化阅读平台的推广和营销工作至关重要。可以通过设计专属的品牌标识、发布有价值的内容、与知名机构合作等方式,提高数字化阅读平台的知名度,吸引更多用户,并增加用户的黏性和忠诚度。

通过以上措施,可以促进数字化阅读平台在农村地区的推广和普及,提高农村居民对数字化阅读平台的认知度和使用率,为乡村文化振兴注入新的动力。以下是针对数字化阅读平台推广与营销方面的建议。

①创新推广方式

数字化阅读平台的推广方式需要更加创新,不断地寻找新的推广渠道和方式,不断挖掘用户需求,提高推广效果和效率。可以采用以下方式:

·结合实际情况,开展线上和线下的活动。例如通过线上展示、线上活动和线下展示、线下活动等方式,为读者提供阅读体验、阅读推广等服务,加强数字化阅读平台与读者之间的联系,提升平台用户的黏性和忠诚度。

·打造社交化的推广方式。通过社交媒体平台、微信公众号、微博等社交媒体平台,利用社交媒体平台的群发、分享、点赞等功能,将数字化阅读平台的信息传播到更广泛的受众中。

·通过合作伙伴进行合作推广。数字化阅读平台可以通过与其他有影响力的媒体、机构、企业等合作,通过联合推广、活动合作等方式,提高数字化阅读平台的知名度和影响力,同时也能够吸引更多的用户。

②营销策略

数字化阅读平台的营销策略需要与实际情况相结合,根据不同的目标受众采取不同的营销策略,从而更好地推广数字化阅读平台,提高平台的用户数量和使用率。可以采取以下方式:

·针对不同的用户群体,采取不同的营销策略。例如对于学生群体,可以采用送书、赠品等方式;对于家长群体,可以采用家长指南、教育资讯等方式;对于教师群体,可以采用教师工具、学科辅导等方式。

·结合数字化阅读平台的特点,采用合适的营销策略。例如数字化阅读平台具有便捷、实用、高效等特点,可以采用便捷、快速的注册方式、高效、准确的搜索功能等来吸引用户。

③加强培训和宣传

为了让更多的农村居民了解和使用数字化阅读平台,需要加强培训和宣传工作。具体做法包括:

·举办培训活动。可以在乡村地区举办数字化阅读平台的使用培训活动,邀请专业人士为乡村居民讲解如何使用数字化阅读平台,如何寻找和获取需要的数字资源,提高他们的数字素养和使用技能。

·推广宣传。可以通过乡村广播、电视、报纸、村委会、学校等多种渠道宣传数字化阅读平台的使用方法和优势,鼓励农村居民积极使用数字化阅读平台,提高他们的文化素养和文化自信。

·建立数字化阅读社区。可以建立数字化阅读社区,邀请乡村居民加入,开展线上和线下交流活动,分享数字化阅读的感受和心得,增强农村居民的文化认同感和归属感。

综上所述,数字化阅读平台作为文化传播的重要途径,具有重要的意义和价值。要助力乡村文化振兴,需要进一步推广和应用数字化阅读平台,提高乡村居民的文化素养和文化自信。要实现这一目标,需要在数字化阅读平台的建设、数字资源的完善、培训和宣传方面进行多方合作。只有这样,才能为乡村文化振兴注入新的动力,推动乡村文化建设和乡村振兴的全面发展。

7.7　高校智慧图书馆助力乡村文化振兴的发力点

通过一系列的合作,高校智慧图书馆不仅向乡村输送了知识和资源,也传授了技术和方法,帮助乡村建立起自己的文化体系,实现了乡村文化的振兴。高校在巩固拓展脱贫攻坚成果工作中利用自身优势资源,文化引领兰西地区乡村振兴,推动地方经济社会发展。今后将继续从以下方面发力:

(1)建设相关品牌,帮扶创建乡村旅游基地

寻找乡村深厚的历史底蕴和得天独厚的特色文化资源,依托乡镇文化底蕴,助力乡镇挖掘文化历史、农耕传统、民族风情和民间技艺等乡土文化,打造特色精品村庄。高校依托自身财经济专业人才积极协助乡镇做好顶层设计,促进文化旅游的深度融合发展。通过文化与旅游的融合,大力发展一体化的文化旅游休闲产业,加大对当地土特产品的开发力度。同时,加强对传统古村落、历史文化名村、特色村寨、旅游特色村的保护与宣传,深度做好文化与旅游、体育、饮食等的融合文章。

(2)为乡村输送文化人才

高校以智慧图书馆为科技创新基地,为乡村培养与输送创意文化人才。充分发挥技术进步对文化产业和文化创意产品创新的效力,高校注重相关人才培

养,密切跟踪科技发展前沿,重视传统艺术形态的升级换代和现代更新。深度发掘乡村文化资源,不断地产生出新的创意、策划、文化产品和服务项目,最终实现当地文化产业化的发展。

（3）探索运行"网络帮扶"模式,积极搭建社会力量参与平台

积极推进"互联网+"帮扶。构建与网络媒介融合互动的社会帮扶立体网,线上注册与线下活动、经济提升与智力提升两线同步并行,走出"互联网+"乡村振兴的新路子,坐上"互联网+"的快车实现乡村振兴。学院将充分发动和利用社会力量来帮助带动乡村文化建设,不仅可以通过发动企业、社会组织、行政事业单位等共同关注乡村文化事业的发展,而且还可以采取企业赞助、冠名等形式筹集资金。形成政府与社会协同推进的乡村振兴大格局,动员社会力量多形式助力乡村振兴。

（4）实施乡村公共文化人才培训工程

高校可派图书馆专业人员在乡村图书室进行巡回指导,采取边检查边辅导、个别辅导、电话辅导等多种形式进行指导。重点围绕组织文艺活动、培训文艺骨干、做好非遗传承、打造文艺精品等基本公共文化服务内容,帮助建立统一的服务目录和服务标准。开展"多种文化"活动,让文化在乡村生根发芽,选派文艺工作者到乡村,通过培训、结对等形式,为乡村打造一支属于自己的文化队伍。

（5）持续推进"文化惠民"工程,助力建设更优品质活力乡村

乡村振兴,不仅要"富口袋",更要"富脑袋"。实施文化推动、补齐文化短板,努力让农村基层特别是落后地区的文化建设有较大的发展提升,是乡村振兴的一个重要内容。在驻村帮扶点建立影视服务队、文体活动队、书法绘画队、国学传承队、阅读推广队、网络服务队、文艺辅导队等不同文化队伍,以新媒体、新形式来展现乡村生活,潜移默化地进行文化宣传,让乡村群众"乐起来""动起来""富起来"。

附　录

附录一　智慧图书馆建设的模式与路径研究

一、引言

随着大数据、云计算和人工智能在现代化建设中的不断推进,图书馆界也开始探索新技术融合的路径,体现在高等教育机构提出的各种"互联网+""人工智能+"以及"学科+"概念上。智慧图书馆利用新一代信息技术改变受众与图书馆的交互方式,提升图书馆服务和管理水平,将智能化信息技术与传统图书馆建设有机结合,提高图书馆的信息处理和应用的便捷度和灵活度。

二、智慧图书馆的建设内涵

智慧的实质是人类在认识、理解和应用知识的过程中所具备的一定思维、判断、发现、关联、批判和探索等综合能力。它的核心是将提取出来的知识信息赋予价值观和道德准则,并将其应用到实践中。智慧图书馆是指建立一个组织结构合理、运行程序优良、产生较大效能的系统,让用户能够在时间维度上以最低的内耗实现对世界的深刻理解、思考分析和真理探求。早在 21 世纪初,芬兰奥卢大学的图书馆学者 Aittola Markust 等人在《智慧图书馆:基于位置感知的移动图书馆服务》一文中首次提出了"智慧图书馆"的概念。他们认为,智慧图书馆是指以绿色发展理念为基础,通过全方位的感知技术和无时空限制的移动图书馆服务来实现图书馆的智能化。直到 2008 年 IBM 提出了"智慧地球"理念后,智慧图书馆的理论研究和实践才开始真正展开。我国对智慧图书馆的理论研究始于 1999 年,《智慧型图书馆建筑思考》一文从超智慧型大楼管理系统的角度介绍了智慧型图书馆建筑的概念与实践。笔者认为,智慧图书馆是一种反映在服务上的智能化图书馆,克服了空间和时间限制,实现了立体感知和泛在化有效交互的生态有机体,是图书馆服务的高级阶段。它依托网络和智能技术,实现了信息聚类的感知和记忆、需求习惯的挖掘、应用动向的预判和决策处理。利用虚拟现实、增强现实、创客空间和图书馆员 4.0 等多元有机系统构建了新型图书馆模式,提供智慧化管理与以人为本的服务。通过这样的模式,智慧图书馆可以确保受众在知识获取和创造过程中获得最大程度的便捷、个性化和智能化的服务。

三、智慧图书馆的建设问题

(一)智慧化服务体系构建的局部性

大多数智慧图书馆都是由数字图书馆按照某单位或部门的局部服务需求进行升级而来的。由于原有数字资源本身就存在分散性和需要重建的特点,再加上智慧创新资金来源单一以及建设者对先进智慧理念认知的滞后性,导致了智慧图书馆建设缺乏整体的全局体系。各类智慧图书馆在建设资金分配方面存在较大差距,这使得社会资本很难流向高投入低回报率的服务性产业。同时,长期有效的政策保障机制和跨行业、跨单位的共享机制不足,导致在智慧图书馆建设过程中难以确保资源和空间要素的衔接和继承,尚未形成有机整体的智慧化建设氛围。

(二)智能技术在智慧化应用上的局限性

智慧图书馆建设的主要制约因素是智能技术力量的薄弱。然而,随着人工智能技术和感知交互技术的逐渐成熟,原本图书馆领域的运作模式发生了转变。尤其是第五代移动通信技术(5G 技术)的应用及其衍生产业链的发展,具有超高传输效率、低延迟和超强精准度,通过缩小数字鸿沟增加了信息的对称性,使得图书馆能够跨越时空限制,进入移动互联网时代,实现了数字图书馆的智慧化转变。但是在智慧图书馆的建设过程中,很多图书馆都面临着无法轻松应对资源数字化转化、数据存储和超高频技术等技术挑战。这导致智慧化进程相对缓慢,智慧图书馆的实践工作难以全面推进。有时候,图书馆过于追求技术应用,过度投入设备或某项技术,却忽略了人文属性在智慧图书馆中的技术实现。因此,需要在技术推进的同时,注重平衡技术与人文因素的结合,才能更好地推动智慧图书馆的发展。

（三）智慧化服务平台构建的异步性

智慧图书馆在海量、复杂数据收集与分析方面提供了技术和设备支持,从而提高了服务效能。然而,图书馆的服务能力却没有相应地提升。硬件规模不断扩大,数字资源不断扩容使得智慧化服务平台构建出现异步性发展态势,平台建设难以跟上资源增长和服务需求速度。因此,解决当前智慧图书馆建设难题的首要着眼点是如何运用智能技术与智慧化服务平台研发围绕行业规范、整合升级标准、管理制度以及平台推广等问题开展技术融合,提高图书馆信息化智慧化服务平台的效率,并降低非长效性规划建设所带来的复杂性。这样,可以实现图书馆的知识服务和资源管控同步发展,提升整体运营效率。

（四）智慧化服务全域化应用能力的薄弱

智慧图书馆建设过程中,智慧化服务全域化应用能力是非常重要的。它需要注重智慧依赖,重新构建知识和经验的获取方式,并贯穿整个智慧图书馆服务过程的生态系统服务能力。然而,在当前的智慧图书馆建设进程中,智慧化服务供给方式、资源服务创新性、知识挖掘的潜力、智慧型的服务水平以及数据安全保障等方面都存在不同程度的弱点,限制了智慧化服务全域化应用能力的发展。

四、智慧图书馆建设的模式探究

（一）智慧图书馆全域化生态服务模型

本文基于深刻感知实现、广泛互联、管理和服务智慧化、数字图书馆融合的理论,以智慧技术为关键依托,配合多元化新型元素构建不受空间限制的新型模式。同时,构建宏观和微观结合、多维度协同和虚实共存的有机生态智慧图书馆服务模型,即智慧图书馆全域化生态服务模型（Smart Libraries Global Ecological Service Model,SLGESM）。该模型以智慧图书馆的空间设计为基础,并通过精细的智慧化知识服务优化图书馆业务流程。主要分为基础、软件支撑、服务规则和应用交互四层。

1. 基础层由智慧知识库存储池及索引系统、各空间池、网络和人工智能通用设备等基础设备构成。它通过存储服务器的超融合和感知设施来实现整个服务模型中的数据获取、储存与分析功能。存储类设备负责建设中央知识库的云环境。感知设备利用移动、传感、定位、RFID 和 NFC 等技术完成对智慧图书馆基础数据和信息的采集、识别、分析和构建。数字化设备则通过 5G、人工智能等技术实现人工智能物联网、云计算中心、边缘计算及海量数据的实时传输。根据智慧图书馆的业务场景,设计适用的智慧化架构,实现智慧图书馆数据的智联化。

2. 软件支撑层完成云计算平台、机器学习 API、智能识别、虚拟交互、人工智能、5G、数据挖掘等功能。重点是利用机器学习和神经网络等数据挖掘算法,发现底层数据的潜在联系,解决数据的互联互通和集成问题,建立支撑数据的数字孪生体,以实现精细化的智慧图书馆管理和服务。基础层获取的数据和信息在软件支撑层进行加工、分析和处理,从而构建智慧图书馆的引擎驱动。通过不断融合和完善,形成由一系列独立应用程序组成的智慧型全域化生态服务平台。

3. 服务规则层是为软件支撑层提供海量数据和应用建立的一系列规则。这些规则包括:智慧图书馆全域化生态智慧化服务、开源智慧化服务、非开源智慧化服务、智慧馆基础业务、智慧监测、感知、智慧业务融合、智慧空间服务、智慧数据获取等。制定适当的规则能够引导数据真正产生价值,并且保证服务规则层的各项制度得到充分实施,以确保智慧化服务产品和智慧化服务业务流程的有序运行。同时,通过遵守行为活动规则,受众能够成为智慧图书馆全域化生态中的一部分。

4. 应用交互层的功能主要包括实现普通用户、智慧馆员、机构学者和学科馆员的管理,纸质和数字资产管理,馆务 OA(例如远程控制、门户管理、物流管理、经费管理),空间管理与应用,以及智慧发现等。在"大数据+智慧化+图书馆"模式下,应用交互层能够进行数据分析、资源发现、学科评价和辅助决策,同时建立图书馆资源、服务和空间等多要素之间的联系系统。用户可以通过可移动的、多维度的资源展示和虚拟服务来使用智慧图书馆。通过集成触摸、视觉、语音、动作和意图等多种感知技术,并借助 5G 网络的安全性,智慧图书馆的应用交互层可以把各应用系统的计算和处理结果传输给用户,使用户可以获得全感官沉浸式体验。

（二）图书馆智慧型全域化生态服务模型建设实例

1. 模型中将重新定义各类资源管理的工作流程,支持 CNMARC、USMARC、DC、DCTERMS、RDA 等元数据标准编目。同时,它支持基于中央知识库的书目数据的自动更新维护,并能够自动收割元数据。模型还支持根据测量和分析,实现自动分配种次号、条码号、馆藏地等一键功能,并实现多标准一体化编目和元数据自动更新的功能。此外,该模型还能够支持纸质馆藏、电子资源和数字资产的管理,并实现纸电资源管理的一体化。

2. 模型中的馆务 OA 实现了远程控制、经费管理、门户管理和物流管理功能。门户包括供应商门户、馆员工作门户和读者服务门户。远程控制部分为每个研究空间配置了前端显示触摸屏,用于显示使用者信息、相关研究内容简介、室内环境数据信息以及馆务通知等。这为学生和老师提供了便利。另外,每套桌椅上也配置了显示触摸屏,方便进行研讨任务点发放和教学信息传送。

3. 通过门窗监测模块可以对空间进行实时监测或在敏感时段进行监测,同时将门窗的状态信息及时上传至服务器,实现对门窗的自动监测和警报。此外,通过感知室内的光照强度,可以自动控制照明灯及窗帘的开关。通过感知教室中二氧化碳和氧气浓度,可以确保监测空间保持良好的空气质量。

4. 通过内置电子白板功能的互动控制设备一体机,取代传统的黑板教学,实现了无尘教学,保护了师生的健康,同时也促进了师生之间的互动式教学。录播系统控制设备通过人脸识别和镜头捕捉,结合移动录播系统,实时跟踪和记录教学信息。它能够实现镜头的推拉摇移,实时捕捉教师和学生的特定画面。同时,它还支持“点对点”和“多点对点”的播放模式,实现视频画面的采集和传输。这些技术的应用,为教学提供了更加现代化和高效的方式。

（三）智慧图书馆全域化生态服务模型的数据管理服务

将数据获存及管理技术融入图书馆管理的各个环节和流程,就构成了各类智能系统在内的智能数据管理服务系统。通过利用人、空间、信息等各类数据资源,形成以用户需求为核心的智慧数据管理服务。智慧图书馆全域化生态服务的数据管理服务的核心理念体现在数据管理服务范围泛在化、服务环境智能化、服务内容知识化、服务空间的虚拟化等方面。该理念旨在从粗放的文献单元转变为深层次挖掘的、精准的知识单元。通过对图书馆的各类文献资源、有价值的网络实时流动信息数据以及图书馆用户行为数据和个人知识库信息进行知识融合,以知识发现、个性化定制和知识图谱为核心,构建细粒度化和网络化的知识环境。在此基础上,自动抽取和构建满足用户需求的集成化知识产品,以推动知识利用和创新。

五、智慧图书馆的建设路径探索

(一)智慧图书馆的建设倡导绿色可持续发展

加强大数据和人工智能技术的研发,不断推进智慧图书馆的功能性和用户友好性,扩展人本化服务的效用,建立以受众为中心的协同、开放和用户参与的创新型服务体系,展现智慧图书馆的社会价值。同时,重视知识发现平台的建设,完善机构库和特色馆藏的建设,致力于打造智慧馆藏的绿色发展蓝图。

(二)加大技术资源整合力度保证数据安全

通过引入虚拟现实和增强现实技术,可以实现服务空间的虚实结合,让用户不仅在任何环境下都能够将自己的视觉、听觉、触觉等感官完全沉浸在计算机模拟的图书馆空间中,还可以在虚拟场景的辅助下更好地与图书馆的真实场景进行交互。图书馆利用智能感知技术和泛在化服务环境的构建,运用物联网和大数据技术,并以 Web 平台和云平台为支撑,可以实现新媒体服务系统矩阵和网站群的联合服务。同时,通过微型和智能传感器、短距离通信、智能系统等领域关键技术,实现自助数据管理服务的全域化应用。

(三)加强受众参与度,实现技术与人文深度融合

智慧图书馆发展的核心资源是智慧型人才。在智慧化服务模式下,智慧图书馆建设强调人机互动,并且注重鼓励受众和智慧馆员的参与,以及构成元素的多元化。此外,智慧图书馆还加强对受众知识使用习惯的挖掘和知识元数据再利用度的挖掘,以满足用户多样化和个性化的服务需求。

（四）推进跨界协作融合,加强协同服务和资源共享强化生态人文建设

我国在智慧图书馆建设与服务的理论研究和实践方面与国外基本保持同步,实践方面可能还具有一定的局域领先性。智慧图书馆建设需要融入智慧社会的建设体系,不断拓展自身的价值和功能作用。在利用智能技术和产品的过程中,要充分发挥图书馆的基本职能和馆员的基本职责。为了智慧社会的建设和发展,智慧图书馆管理服务的发展需要加强协同服务和资源共享,同时强化生态人文建设,以提供更加全面、高效和快捷的知识信息服务。

六、结束语

智慧图书馆是新时代图书馆全面推进现代化的新形态,是图书馆界培育和践行社会主义核心价值观的重要体现,也是改革发展创新的重要理论与实践基础。智慧图书馆的建设需要克服智慧化服务体系构建的局部性和智慧化技术应用上的局限性,同时需要加强智慧化服务平台构建的同步性和智慧化服务全域化应用能力。在建设智慧图书馆的过程中,要注重受众对场景的核心需求,将智能技术赋能图书馆事业发展,探索智慧图书馆的建设路径,深入开展新型智慧馆员培养,加强智慧图书馆全域化生态服务建设。希望本文能为提升图书馆智慧化服务水平、构建智慧图书馆服务体系、建设一流智慧图书馆提供参考依据。

参考文献:

[1]尹雪聪,郭婧华,林强.基于"互联网+"的图书馆智慧互动服务模式研究——以西安电子科技大学图书馆为例[J].大学图书情报学刊,2018,36(2):77-80.

[2]段美珍,初景利,张冬荣,等.智慧图书馆的内涵特点及其认知模型研究[J].图书情报工作,2021,65(12):57-64.

[3]曾光,明均仁,邓梅霜.美国高校图书馆智慧服务发展现状调查及启示[J].图书馆学研究,2018(13):83-96.

[4]丁明春,任恒.国内外智慧图书馆研究之概念脉络、热点主题及未来展望——基于CiteSpace的信息可视化分析[J].图书馆理论与实践,2022(1):

99—107.

[5]刘炜,陈晨,张磊.5G 与智慧图书馆建设[J].中国图书馆学报,2019,45(5)：42—50.

原载《文化学刊》2023 年第 11 期

附录二　淌过的乡村岁月,留住的振兴理想
——关于助力乡村文化和产业振兴的调研报告

自受组织委派挂职以来,笔者与北安乡党委共同将做好乡村振兴工作作为严肃的政治任务。我们从提高政治思想站位出发,坚持以振兴抓党建,推动党建促进乡村振兴。我们通过检验党建来评估振兴工作,坚持以帮助促进乡村建设、以建设创新、以引导多元化振兴发展思路。我们扎根乡村、心系乡村、思考乡村问题、在乡村工作。我们制定精准的策略、采取精准的行动,不断推动北安乡的脱贫攻坚成果与乡村振兴有效衔接,使其迈上新的发展台阶。

一、基本情况

北安乡位于兰西县北端,北邻青冈县,南接红光镇,东依呼兰河,西望临江镇,202 国道穿过该乡,距离兰西县城 21 公里。全乡以漫岗平原为主要地貌,因盛产隆盛河小米、汇源植物园、北安西瓜王而在省内外有一定的声誉。全乡总面积为 135 平方公里,下辖 6 个行政村,44 个自然屯;耕地面积为 14.06 万亩,林地面积为 1.09 万亩,草原面积为 1.52 万亩;共有农户 4665 户,人口 20792 人,乡党委下设 6 个村党总支、12 个村党支部。乡内设有 1 个派出所、1 个电力管理站、1 所中小学、1 所公办幼儿园、1 所乡卫生院以及 6 个村卫生室。农村常住居民的人均可支配收入超过万元。

二、调研中发现的问题

调研过程中,结合排查整改"回头看"要求的排查人群和若干项内容进行调研,着重对脱贫户的各项收入情况、刚性支出情况、三保障及安全饮水情况、子

女赡养情况、致贫返贫风险、大病医疗报销票据和家庭成员用药情况、就业帮扶、产业帮扶、乡村文化需求以及风险消除情况等信息进行访问,并形成此调研报告。调研样本如下表所示:

附表1　调研样本情况一览表

序号	脱贫户姓名	脱贫户情况	乡村文化需求
1	高××	两口人,无子女,享受低保待遇,并获得政府提供的住房维修服务	扭秧歌,唱戏
2	杨××	老伴是护林员,患有腿疾,家中有两个儿子,一个残疾,一个患有精神分裂症。孙子目前正在读高二。老人在哈尔滨从事废品回收工作已有8年,并用所得回乡盖了房子。老人最大的困难是承担了过重的精神负担,他是家中的支柱	看电视
3	陈××	48岁,长年患有糖尿病,没有劳动能力,和母亲及弟弟一家三口一起生活	看小说,上网
4	王××	43岁,生活不能自理,没有劳动能力。父亲刚去世不久,现在母亲独自照顾着家庭,其妹正在哈尔滨上大学	无
5	陈××	48岁,长年患有糖尿病和腰椎间盘问题,没有劳动能力,和母亲及弟弟一家三口一起生活	下棋

(一)庭院经济的主要问题在于规模小、竞争力弱、品种单一、抗风险能力差

长期以来,北安乡的庭院经济规模较小,家庭养殖和种植的品种都相对单一。家庭养殖主要以生猪、牛或土鸡为主,种植的品种以青菜居多。养殖面积不大,养殖数量也较少。由于供应量不足以满足市场需求,在市场上缺乏竞争力,经济效益较低。此外,庭院经济主要依赖传统的种养业,缺乏技术含量较高、短平快的项目。

(二)人居环境的提升与庭院经济发展存在矛盾

由于土地的限制,庭院经济中的养殖业普遍存在着牲畜与农户共用院坝的情况,导致了人畜混居,给人居环境的改善带来了许多矛盾。农户缺乏独立建

设畜舍的条件,人畜混居现象尤为突出。

（三）村民生产经营缺乏组织化理念,对乡村经济发展产生了不容忽视的影响

由于缺乏良好的经营理念,很少有能够联结千家万户应对风险的组织形式,农户的庭院经济仍处于个体经营为主的阶段。由于组织化程度低,产品标准不一,市场竞争力较弱,影响了农户发展庭院经济的积极性,同时也阻碍了乡村经济的发展。

（四）人才结构问题明显,乡村特色品牌难以形成

目前村里人才队伍结构不合理的问题比较明显,一些基础的数字化操作难以完成。具备能力、水平、积极性的人员比例较低,后备干部和实用人才的储备不足。由于人才匮乏,经济体分散且组织化程度较低,缺乏龙头企业的带动作用,难以形成具有特色的乡村品牌。

三、助力乡村振兴的具体策略

（一）以帮促建,促进乡村文明数字化发展

驻村后,笔者发现第一关就是如何入户了解乡村居民情况。深入农户家中后,与乡村居民打交道或做乡村居民工作时不能急于求成,也不能用眼前利益来带动乡村居民。乡村居民并不愚昧,思想也并非守旧,很多人认为乡村居民只追求眼前利益是一种错误的认识。通过与农户交流,笔者充分认识到在农村工作付出很大但收效甚微的主要原因在于村里缺乏乡村居民能够信任的带头人。所以自己首先要成为这个带头人,踏踏实实去做,先找村里几个大户跟着做,随后慢慢建立信任,乡村居民就会跟着做了。

以帮促建主要体现在三个方面:一是在挂职期间,坚持深入群众、贴近群众、亲近群众的走访思路。与村两委共同帮助干农活、销售农产品、清扫卫生等暖民心的方式入户遍访,帮助村民解决生产生活中遇到的困难。例如为村民修路、垫土以解决淹水问题,协调黑龙江省慈善总会在北安乡开展健康义诊,发放口罩,为重病和大病患者争取慈善救助等,旨在防范返贫风险。二是督促村两委坚持落实政策不走样、不变形,落实各项教育政策,解决困难家庭学生就学难

题。与村医和帮扶责任人一起严格落实门诊一次性补助政策,减轻脱贫户就医负担;通过引入高校数字化资源和联动通信公司打造乡村数字化平台,为北安乡建设数字化平台提供两种路径,助力文化振兴和产业振兴同步进行。三是与乡党委一起深入学习贯彻近平新时代中国特色社会主义思想,坚持以社会主义核心价值观为引领,加强社会主义精神文明建设,加强农村思想道德建设,普及科学知识,推进农村移风易俗,推动形成文明乡风、良好家风、淳朴民风。将移风易俗作为乡村精神文明建设的重要内容,通过积极宣传婚丧事宜新办、简办的先进典型,树立厚养薄葬的新理念,形成勤俭节约光荣、铺张浪费可耻的新导向。引导乡村居民树立社会主义新风尚。通过开展一系列群众喜闻乐见的文化活动,如道德模范表彰、志愿者服务活动等,拓宽村民的文化视野,消除封建迷信滋生土壤,去除顽固旧思想和攀比的虚荣心。完善村规民约制度,制定符合当前村情民情的村规民约,将禁止大操大办婚丧事宜、生日宴、学子宴和满月宴纳入其中,严格控制婚丧事宜的规模和标准,加强对陈规陋习的监督。继续完善基础设施建设,发挥新时代文化实践站、文艺活动室、图书室和爱心超市等的作用。采取多种措施,促进乡村文明数字化发展。

(二)以建创新,加快打造乡村北安乡文化和产业品牌

坚持把乡基层政治学习摆在首位,深入开展党史学习教育,以学习贯彻习近平新时代中国特色社会主义思想为根本任务。积极开展基层党组织二十大精神宣讲活动,持续强化干部理论武装、党员经常性学习培训,推动基层党组织和广大党员干部旗帜鲜明讲政治,增强"四个意识"、坚定"四个自信"、做到"两个维护",教育引导基层党员干部守初心、担使命,找差距、抓落实,坚决贯彻落实习近平总书记对"三农"工作的重要指示批示和中央、省市区委决策部署,在加快高质量发展、推动惠民政策落地、维护和谐稳定中充分发挥基层党组织领导基层治理、团结动员群众、推动改革发展的坚强战斗堡垒作用,推动乡村振兴战略在农村落地落实,严格落实上下同调、有效覆盖和党建经济一起抓的主体责任。坚持把乡村振兴同基层组织建设有机结合起来,充分发挥基层党组织的战斗堡垒作用。农闲时节组织村民观看二人转演出,丰富北安乡村民的文化生活,把党的温暖送到群众的心坎上。帮助村党支部新建和完善了党员之家,将三会一课、党员教育管理、党风廉政建设等各项管理制度制作成图板张贴上墙。

每年都开展进村入户扶困主题党日活动，与党员共同庆祝党的生日；开展重温入党誓词、党的知识答题、健康讲座、主题演讲等形式多样、丰富多彩的帮扶活动。持续改善村容村貌，在完善村里的宽带、自来水全覆盖的基础上，修建村民休闲广场，建设社会主义新时代文化实践站，文艺活动室、图书室和爱心超市等，不断优化乡村生活环境。利用庭院采摘、农户家庭接待、小菜园定制等方式打造北安乡的"来平安村把平安带回家""北安村西瓜王""龙盛河农副产品""汇源植物园""安佑生猪"等特色品牌。

（三）以引带拓，构建庭院经济特色模式

以引带拓主要体现在人才引进和产业结构拓展两个主要方面。在乡村干部和人才队伍建设方面，北安乡基层组织人才建设取得了明显成效。通过引进德才兼备的年轻干部，特别是乡村考出去的优秀大学生，充实到乡村干部队伍中，以年轻干部为统领，全面提高乡村干部的整体素养。同时，以高校作为人才支撑平台，加强乡村振兴人才的引进培养工作，建立健全乡贤人才库，制定优惠政策，开辟优秀人才引进绿色通道，吸引各类优秀人才返乡创业。此外，整合各类教育资源和渠道，对村两委干部、村实用人才、新型职业乡村居民进行集中培训，加大对农村人才扶持力度，推动优质资源向基层倾斜。并且鼓励和支持农村优秀人才的创业，对先进典型进行表彰奖励和广泛宣传，使农村人才在全社会有影响、有地位、有干劲，以人才+产业助力乡村振兴示范区建设。

四、研究结论

（一）乡村文化振兴以促进乡村经济发展为目标

乡村文化振兴以促进乡村经济发展为目标，重点是提升乡村社会凝聚力和向心力，形成良好的社会风尚。为此，需要加强文化资源的保障，培养能够传承和发展乡村文化的专业人才，鼓励村民将传统文化与现代创意相结合，开发具有地方特色的文化创意产品。此外，还要为村民提供更多的文化活动和娱乐方式，提高他们的精神文化素养。同时，还需要挖掘乡村文化的经济价值，将文化资源转化为产业优势，促进农业与文化、旅游等相关产业的融合发展。

（二）推动农户庭院经济规模化、特色化、品牌化发展

利用乡村区位优势，围绕县委经济发展思路目标，引导鼓励村民克服等、

靠、要的思想,利用房前屋后土地,立足自身优势发展以种植养殖为主的家庭经济。构建庭院经济产业特色,采取"订单式""采摘式""认领式""自产自销式"等四种模式,全力实施"菜篮子"工程,推进农业种植结构调整,探索农家"小菜园"新品种种植,为拓宽乡村居民增收渠道寻找新路径。此外,还可以通过与企业合作,建立保底销售机制,促进脱贫户种植的蔬菜和家禽的销售,推动乡村经济的发展。

(三)在产业发展方面,需要走出去、引进来、带下去、做起来

通过与北京某祥旺达农产品有限公司合作,在平安村杨树林屯引入酸黄瓜种植,并由公司订单回收。同时,建立学习指导互动机制,组织乡村经济人员和部分脱贫户到试种基地参观学习并进行现场培训。邀请市、县农业专家进村入户、深入田间地头,为脱贫户提供种植技术支撑,激发他们发展菜园经济的内生动力。此外,还可以帮助购置村民生产的蔬菜种子,推动庭院经济的规模化、产业化发展,提高庭院经济的示范效应。

北安乡党委副书记(挂职)靳辉

写于 2023 年 9 月 19 日

附录三　忘不了的乡土情

——挂职驻村回忆录

春:忘不了挂职两年的兰西县北安乡,
　　忘不了春回大地耕种时节的繁忙,
　　忘不了黑土地农户们播撒的希望,
　　忘不了玉米田瓜地旁的数亩鱼塘,
　　忘不了漫步曲径通幽的乡间路上。

夏:忘不了村落里篱障外的鸟语花香,

忘不了农户家庭院里的桃李芬芳，

忘不了蔬菜大棚里的品牌西瓜王，

忘不了工作队小菜园的青绿红黄，

忘不了呼兰河岸老船集结的沙场。

秋:忘不了秋季里河套地上青烟袅袅，

忘不了秸秆地里一望无际的苍苍，

忘不了北安人民喜悦的丰收景象，

忘不了清晨露水浸润后的粪肥味，

忘不了阡陌上漫漫的牛羊群成行。

冬:忘不了冬日黑大路上树挂白茫茫，

忘不了乡镇食堂里满满的酸菜缸，

忘不了厨师大姐烙的温馨发面饼，

忘不了小生灵们不时的深夜造访，

忘不了与室友开怀说笑时的欢畅。

难忘的驻村岁月,希望的田野上,

留下了多少解忧暖民的美好时光,

记下了振兴的乡土情和青春力量。

北安乡党委副书记(挂职)靳辉

2023 年 8 月写于北安乡北安村

附录四　高校毕业生选择助力乡村文化振兴事业的倡议

亲爱的同学们:

对于即将步入工作岗位的你们来说,大学意味着结交陪伴你们成长的精英团队,培养出相互支持、不断进取的力量,赋予你们对国家发展和人民生活问题的关注,并追求对此承担责任的使命。同时,它也确定了你们对未来生活方式的选择以及回馈社会的行动和策略。

乡村振兴战略作为国家战略,需要大学毕业生到基层工作,鼓励青年人下乡锻炼成长。同时培养懂农业、热爱乡村居民、热爱农村的"一懂两爱"人才。乡村十里不同风,如高山区、黑土地区、红土地区、黄土地区、石灰岩地区、林区、牧区、湿地、海边等等,而农业则是根据当地的自然资源、气候、地理等多方面的条件紧密结合的。因此,乡村振兴的知识主要是地方性的,很难形成统一的标准化知识体系,需要分散的、适应当地环境的知识生产。因此,乡村振兴需要各方面的人才。

我国高等教育一直以来都注重将人才培养与实践相结合、与国情相结合,对于乡村人才的培养与发展也需要与农村生活结合的方式。只有将政府主导的自上而下的帮扶工作与高校自主发动、自主发展的自下而上动力相结合,才能更好地发挥高校人才对乡村振兴的作用,推动可持续的乡村振兴工作。

青年人与乡村合作社合作,通过理论反思、文化建设和技能提升,不仅进行乡村思想建设,还提升乡村网格工作能力。高校毕业生既要有理想和情怀,也要具备专业性。他们是理想主义人才与专业人才培养的结合体,是同时重视工作和生活的新生活探索者。一方面,乡村要积极发挥乡村带头人的引领作用,拓展乡村合作社的发展内容,从合作社自身的发展和基层组织建设到推动生态农业创新发展,从文化建设到乡村环境治理,再到美丽乡村建设,为高校提供多元、多层次的人才培养实践经验。另一方面,让从事乡村建设的高知人才有机会走出去,学习和交流国际乡村建设经验,探索通过国际交流来培养人才的可行路径和方法。在从事乡村建设工作中,高校毕业生获得了其他工作中得不到的学习和锻炼机会,最重要的是培养了他们在乡村振兴事业中的宽广胸怀、脚踏实地的做人原则和做事能力。乡村振兴就是人才的振兴。加入乡村振兴事业的每个人都会深深地感激这个平台为我们创造的学习和实践的机会。正如人的成长一样,团队的发展对人才的培养也起着不可磨灭的作用。在乡镇团队中,承担不同的责任会获得不同的锻炼。延续以往乡镇的决策机制,同时也尝试采用各个团队之间相对独立运作的平行管理模式。

电影《卡萨布兰卡》中有一句经典台词:"你的气质里,藏着你读过的书、走过的路和爱过的人。"事实上,不仅是人的气质,还有人们每时每刻的思想、选择和决策,都深深地受到过往经历的影响。作为当代大学生,仅有意愿参与乡村振兴工作是不够的,还要强调态度。拥有理想和态度是基本的要求,然后才能谈高层次的理论和实践原则,同时这两种能力也不能低于平均水平。在面临各种选择和思考的挑战时,没有实践经验会感到茫然。作为怀揣天下的青年,从胸怀天下的角度出发,逐渐回归乡土,融入土地中。将自己的生活安顿于此,让乡村重新成为我们安身立命的选择。坚守乡村振兴的道路,锲而不舍地前行,保持初心,薪火相传,用生命去实践在这个时代的使命姿态。我一直相信,天助自助者。只要自己想要走出来,就一定能到达理想的世界。你们的选择将为我们解决农村问题的客观需求与高等教育培养出的人才体系之间的矛盾做出贡献。乡村振兴将为你们的成长创造不同的发展空间,为你们施展才华搭建更广阔的舞台。乡村振兴工作让年轻人的领导力潜能得到发挥,在乡村振兴工作中,我们能够发挥传统文化在管理中的优势,更好地实现道、理、法、术四个层面的能力培养。一旦适应了三农需求,在乡村居民群众中磨炼,哪怕是只有一年,今后也会受益匪浅。一种新生命正在乡村土地中蓬勃发展,通过不断磨合,在共识中求进步。时间终将见证这份历久弥新的伙伴情谊。

倡议人:靳辉

于 2023 年 2 月 24 日晚

参考文献

[1] 中共中央 国务院印发《乡村振兴战略规划（2018—2022 年）》[EB/OL].
（2018 - 09 - 26） https：//www. gov. cn/zhengce/2018 - 09/26/content _
5325534. htm？ eqid＝a7d9fff500028f4c00000003646a3478.

[2] 刘宏. 数据驱动下高校图书馆智慧化发展研究[J]. 图书馆学刊,2021,43
（3）:49-52.

[3] 李积君,王凤姣,龚蛟腾. 知识生态视角下图书馆服务转型研究[J]. 图书馆,
2020(7):73-78.

[4] 娜丽莎. 基于数据化技术的高校用户智慧化文献资源精准服务研究[J]. 长
春大学学报,2021,31(4):68-72.

[5] 刘炜,陈晨,张磊. 5G 与智慧图书馆建设[J]. 中国图书馆学报, 2019,45
（5）：42-50.

[6] 尹雪聪,郭婧华,林强. 基于"互联网+"的图书馆智慧互动服务模式研
究——以西安电子科技大学图书馆为例[J]. 大学图书情报学刊,2018,36
（2）:77-80.

[7]《智慧图书馆探索与实践》编委会. 智慧图书馆探索与实践[M]. 北京:国家
图书馆出版社,2021.

[8] 段美珍,初景利,张冬荣,等. 智慧图书馆的内涵特点及其认知模型研究[J].
图书情报工作,2021,65(12):57-64.

[9] 曾光,明均仁,邓梅霜. 美国高校图书馆智慧服务发展现状调查及启示 [J].
图书馆学研究,2018(13):83-96.

[10] 丁明春,任恒. 国内外智慧图书馆研究之概念脉络、热点主题及未来展
望——基于 CiteSpace 的信息可视化分析[J]. 图书馆理论与实践,2022

(1):99-107.

[11]严栋.基于物联网的智慧图书馆[J].图书馆学刊,2010,32(7):8-10.

[12]董晓霞,龚向阳,张若林,等.智慧图书馆的定义、设计以及实现[J].现代图书情报技术,2011(2):76-80.

[13]王家玲.基于智慧要素视角的智慧图书馆构建[J].图书馆工作与研究,2017(7):41-44,49.

[14]王世伟.未来图书馆的新模式——智慧图书馆[J].图书馆建设,2011(12):1-5.

[15]汪阳春.高校图书馆助力乡村文化振兴的探索与思考——以三明学院为例[J].贵阳市委党校学报,2021(4):53-55.

[16]王雄青."乡村图书馆+"融合发展:缘起、模式与实践路径研究[J].高校图书馆工作,2022,42(1):24-28.

[17]刘丽娜.公共图书馆参与乡村文化振兴的现实审视与路径探索[J].图书馆界,2021(6):85-88.

[18]顾保国,林岩.文化振兴:夯实乡村振兴的精神基础[M]郑州:中原农民出版社,北京:红旗出版社,2019.

[19]郭智惠.公共图书馆助力乡村文化振兴的路径研究[J].农业经济,2022(2):75-77.

[20]杨凤华,蔡佳雯.公众参与农村生态环境治理存在的问题及对策研究——以江苏省为例[J].经营与管理,2022(4):121-126.

[21]LEE J, LAPIRA E, BAGHERI B, et al. Recent advances and trends in predictive manufacturing systems in big data environment[J]. Manufacturing letters, 2013,1(1): 38-41.

[22]高强,曾恒源.巩固拓展脱贫攻坚成果同乡村振兴有效衔接:进展、问题与建议[J].改革,2022(4):99-109.

[23]孙久文,李承璋.共同富裕目标下推进乡村振兴研究[J].西北师大学报(社会科学版),2022,59(3):12-19.

[24]张林,段君君,王兆丰.黑龙江:实行集体经济"清、化、收"助力乡村振兴[J].中国土地,2022(1):49-50.

[25]高彩娇,李秀霞.我国智慧图书馆研究热点与演进路径可视化分析[J].图

书馆工作与研究,2020(9):5-12,19.

[26]尹克勤,张立新.基于智慧图书馆的高校图书馆读者服务模式研究[J].图书馆工作与研究,2017(9):109-113.

[27]黄辉.基于物联网标识体系的智慧图书馆建设研究[J].图书馆工作与研究,2014(8):41-44.

[28]夏立新,白阳,张心怡.融合与重构:智慧图书馆发展新形态[J].中国图书馆学报,2018,44(1):35-49.

[29]王雨晴,刘莹.黑龙江联通打造数字乡村标杆村 全力推进数字乡村建设[J].通信管理与技术,2022(1):25-26.

[30]黄春花.基于丰富基层图书馆服务助力乡村振兴的思考[J].产业与科技论坛,2022,21(6):271-272.

[31]王金英.基于乡村振兴战略下的网上图书馆建设[J].中国成人教育,2022(2):78-80.

[32]江世银,冯瑞莹,朱廷菁,等.金融科技在乡村振兴中的应用探索[J].金融理论探索,2022(1):72-80.

[33]康存辉,操菊华.高校智慧图书馆数据服务空间再造研究[J].新世纪图书馆,2019(7):28-33.

[34]王超.智慧图书馆知识服务生态系统模型构建研究[J].图书馆工作与研究,2021(12):16-21.

[35]贾喜英.县级公共图书馆服务乡村振兴的路径探究[J].河南图书馆学刊,2022,42(3):10-12.

[36]阳清,郑永君.乡村文化振兴进程中农家书屋的定位、缺位与补位[J].图书馆工作与研究,2022(3):121-128.

[37]刘璐,张宁.乡村文化振兴视域下乡镇图书馆的建设研究[J].现代农村科技,2022(2):5-7.

[38]常青,杨武健.乡村振兴背景下图书馆参与乡土文化遗产保护研究[J].图书馆,2021(11):44-49,63.

[39]刘喜球,王灿荣.可穿戴技术:构建智慧图书馆的助推器[J].图书馆论坛,2015,35(6):105-108.

[40]曾子明,宋扬扬.面向读者的智慧图书馆嵌入式知识服务探析[J].图书馆,

2017(3):84-89,100.

[41]马捷,赵天缘,王思.高校智慧图书馆功能结构模型构建[J].情报科学,2017,35(8):56-61.

[42]刘敏,王晓翎.智慧服务背景下高校图书馆流通馆员转型发展的实践路径[J].图书馆研究与工作,2022(5):62-67.

[43]方飞燕.乡村振兴下高校图书馆社会化服务研究[J].内蒙古科技与经济,2021(21):129-132.

[44]于光莲.乡村振兴战略背景下高校图书馆助力农村文化振兴策略研究[J].农业与技术,2021,41(22):174-177.

[45]何金海.乡村振兴战略背景下乡村图书馆的法治转型[J].四川图书馆学报,2022(1):34-39.

[46]刘京京.乡村振兴战略下的基层图书馆建设[J].山西农经,2022(2):139-141.

[47]王尧,徐状,王锦莲.乡村振兴战略下黑龙江乡村文化振兴的现实思考[J].现代农业研究,2021,27(11):73-74.

[48]王红芳,张妮,宣静雯.大数据背景下高校智慧图书馆建设路径分析[J].河南图书馆学刊,2022,42(4):50-52.

[49]卜银伟,李成林,王卓.金融科技助力乡村振兴的模式研究[J].西南金融,2022(4):71-82.

[50]胡守勇.面向乡村振兴:文化扶贫研究的回顾与展望[J].图书馆,2021(12):60-67.

[51]刘忠国,李振山.农产品流通与乡村振兴协同发展研究[J].枣庄学院学报,2022,39(3):127-137.

[52]王慧娟.乡村振兴背景下智慧图书馆阅读推广创新策略研究[J].农家参谋,2022(2):10-12.

[53]单轸,陈雅.新技术背景下高校智慧图书馆建设优化策略研究[J].图书馆,2022(5):48-53.

[54]薛曼.新时代农村党建守正创新初探——以黑龙江和山东为例[J].农村经济与科技,2022,33(1):253-256.

[55]曹立,石以涛.乡村文化振兴内涵及其价值探析[J].南京农业大学学报

（社会科学版），2021,21（6）：111-118.

[56]蔡泽瀛,孙彦钊,周凯文.服务乡村振兴战略下的农业高校大学生实践育人新模式[J].文教资料,2020（17）：160-162.

[57]郭晓鸣.乡村振兴战略的若干维度观察[J].改革,2018（3）：54-61.

[58]黄斌.三螺旋理论下创新创业教育研究[J].中国高校科技,2019（11）：69-72.

[59]韩嵩,张宝歌.地方高校服务乡村振兴战略:三个重要向度[J].河北农业大学学报（社会科学版）,2019,21（2）：86-91.

[60]黄承伟.论乡村振兴与共同富裕的内在逻辑及理论议题[J].南京农业大学学报（社会科学版）,2021,21（6）：1-9.

[61]黄祖辉.实施乡村振兴战略须厘清四个关系[J].农民科技培训,2018（10）：32-33.

[62]黄祖辉.准确把握中国乡村振兴战略[J].中国农村经济,2018（4）：2-12.

[63]何妍妍.地方高校服务乡村"五个振兴"战略的现状与路径[J].长春师范大学学报,2020,39（1）：88-90.

[64]蒋依娴,王秉安.高校服务乡村振兴SRC-T人才培养效果评价[J].统计与管理,2020,35（4）：107-112.

[65]李兴洲,赵陶然.职业教育促进乡村振兴之比较优势探析[J].职教通讯,2019（5）：13-19.

[66]李玉清,雷颖,陈荣荣,等.乡村振兴背景下农业科技服务模式的探索与实践——以南京农业大学"双线共推"服务模式为例[J].高等农业教育,2021（1）：26-31.

[67]李静.基于三螺旋理论的创新创业教育生态圈构建研究与实践——以河北农业大学为例 [J].河北农业大学学报（社会科学版）,2020,22（6）：47-52.

[68]李才,张秋菊,徐东北.地方高校服务乡村振兴的现状分析与路径优化——以吉林省高校为例[J].通化师范学院学报,2020,41（9）：1-5.

[69]林莉,易爱军,熊娜娜,等.高校服务乡村振兴人才培养模式创新实践研究[J].大陆桥视野,2020（12）：74-75,77.

[70]梁辉良,刘明波.地方高职院校服务乡村振兴的村镇干部人才培养路径探

究[J].创新创业理论研究与实践,2019,2(24):126-128.

[71]罗昆,张廷龙.创新创业教育与专业教育融合的模式、路径与实践——基于"三螺旋理论"的视角[J].山东科技大学学报(社会科学版),2019,21(5):103-108.

[72]刘祖云,王丹."乡村振兴"战略落地的技术支持[J].南京农业大学学报(社会科学版),2018,18(4):8-16,156.

[73]马华,马池春.乡村振兴战略与国家治理能力现代化的耦合机理[J].江苏行政学院学报,2018(6):63-70.

[74]马宽斌,黄丽丽.乡村振兴战略:农村职业教育改革与发展新动能[J].成人教育,2020,40(2):47-51.

[75]米振生,王闯,孙晓慧,等.乡村振兴战略下地方高职院校涉农专业人才培养路径的探究[J].安徽农学通报,2020,26(16):194-195.

[76]钱宁.从摆脱贫困到乡村振兴——对当代中国农村变迁的历史考察和现实思考[J].西北师大学报(社会科学版),2022,59(1):30-40.

[77]孙云霞.新时代中国特色乡村振兴战略分析[J].南方农业,2018,12(30):107,110.

[78]万信,龙迎伟.论乡村振兴战略的基本内涵、价值及实现理路[J].江苏农业科学,2018,46(17):327-330.

[79]吴理财,解胜利.文化治理视角下的乡村文化振兴:价值耦合与体系建构[J].华中农业大学学报(社会科学版),2019(1):16-23,162-163.

[80]向德平,华汛子.意蕴与取向:社会政策视角下的乡村振兴战略[J].吉林大学社会科学学报,2019,59(4):96-103,221.

[81]杨晓军,宁国良.县域经济:乡村振兴战略的重要支撑[J].中共中央党校学报,2018,22(6):119-124.

[82]卓玛草.新时代乡村振兴与新型城镇化融合发展的理论依据与实现路径[J].经济学家,2019(1):104-112.

[83]仲崇建,乔丽荣.多元主体协同参与乡村振兴的路径探索[J].人民论坛,2021(31):55-57.

[84]张蕊.后疫情时代地方高校智库服务乡村振兴的现状及路径优化[J].云南行政学院学报,2020,22(4):141-146.

[85]周旭宝,邓昌斌,吴坤龙.走出校地合作共促乡村振兴新路径 文成创新农业科技综合服务模式[J].今日科技,2020(8):24-25.

[86]邓娟,张言.公共图书馆助力乡村文化振兴的逻辑与实践——以伊犁州图书馆为例[J].图书馆,2021(4):26-32.